ΠΕΡΙΕΧΟΜΕΝΑ

ISBN: 978-960-327-248-9

ΕΛΛΗΝΙΚΗ ΜΥΘΟΛΟΓΙΑ

Κείμενο: ΠΟΤΗΣ ΣΤΡΑΤΙΚΗΣ
Εικόνες: LIBICO MARAJA

ΕΚΔΟΣΕΙΣ ΣΤΡΑΤΙΚΗ

Σόλωνος 135 - 106 77 ΑΘΗΝΑ
Τηλ.: (210) 38.34.384-5 · Fax: (210) 38.34.392
e-mail: stratedi@otenet.gr
www.stratikis.gr

Ο φοβερός πόλεμος ανάμεσα στους θεούς κράτησε δέκα ολόκληρα χρόνια.

Ο ΚΟΣΜΟΣ ΚΑΙ ΟΙ ΘΕΟΙ

Οι αρχαίοι Έλληνες πίστευαν ότι οι πρώτοι θεοί του κόσμου ήταν δύο. Η Γη και ο Ουρανός. Ο Ουρανός βρισκόταν πολύ κοντά στη Γη, σχεδόν κολλημένος πάνω της. Από τους δυο αυτούς θεούς γεννήθηκαν πολλά αθάνατα παιδιά, όπως είναι οι Τιτάνες, οι Κύκλωπες και οι Εκατόγχειρες. Ο Ουρανός όμως, επειδή φοβόταν ότι κάποιο από τα παιδιά του θα του έπαιρνε το θρόνο, τα έχωσε βαθιά στα σπλάχνα της Γης. Θύμωσε όμως η Γη και αποφάσισε να εκδικηθεί τον Ουρανό. Ένα βράδυ έβγαλε από τα σπλάχνα της ένα από τα παιδιά της, τον Κρόνο και του έδωσε ένα δρεπάνι, για να πολεμήσει τον Ουρανό.

Χτύπησε με το δρεπάνι του τον Ουρανό ο Κρόνος, τον τραυμάτισε βαριά και τον ανάγκασε να φύγει μακριά από τη Γη. Από το αίμα του Ουρανού γεννήθηκαν οι Ερινύες, οι Γίγαντες και οι Νύμφες. Από μια σταγόνα που έπεσε στη θάλασσα γεννήθηκε η Αφροδίτη.

Ο Κρόνος παντρεύτηκε μια Τιτάνισσα, τη Ρέα κι έκανε αρκετά παιδιά. Μα όπως ο πατέρας του ο Ουρανός έτσι κι αυτός φοβόταν μήπως του πάρουν το θρόνο και... τα κατάπινε. Η Ρέα, που υπέφερε πάρα πολύ, αποφάσισε να γλιτώσει το τελευταίο της παιδί, το Δία. Το άφησε κρυφά σ' ένα βουνό της Κρήτης, την Ίδη κι έδωσε στον Κρόνο να καταπιεί μια φασκιωμένη πέτρα αντί για το παιδί.

Ο Δίας μεγάλωσε από το γάλα μιας κατσίκας που την έλεγαν Αμάλθεια και από το μέλι των άγριων μελισσών. Η γιαγιά του η Γη του έδωσε ένα βοτάνι να δώσει κρυφά στον Κρόνο, για να βγάλει από την κοιλιά του τα παιδιά που είχε καταπιεί και που ήταν ακόμα ζωντανά. Έτσι σώθηκαν ο Ποσειδώνας, η Ήρα, η Εστία, η Δήμητρα και ο Πλούτωνας. Ο Δίας πήρε τα αδέλφια του, ανέβηκαν στην κορυφή του Ολύμπου και αποφάσισαν να πολεμήσουν τον Κρόνο. Μαζί τους ήρθαν τρεις μόνο Τιτάνες, ενώ οι υπόλοιποι έμειναν με τον Κρόνο.

Ο πόλεμος που ξέσπασε άγριος ονομάστηκε Τιτανομαχία και κράτησε δέκα ολόκληρα χρόνια. Οι αντίπαλοι πετούσαν πελώριους βράχους, που έκαναν τη Γη να τρέμει. Στο τέλος νικητής ήταν ο Δίας με τ' αδέλφια του.

Ίσως ο Δίας να μην κατόρθωνε να νικήσει τον πατέρα του, αν δεν ελευθέρωνε με τη βοήθεια της γιαγιάς του, της Γης, μερικά τέρατα, που ο Κρόνος είχε φυλακίσει στον Άδη. Έτσι, όταν νικήθηκε ο Κρόνος, ο Δίας τον φυλάκισε στον Άδη κι έβαλε τα τέρατα να τον φυλάνε, για να μην μπορέσει ποτέ του να βγει από τα αιώνια σκοτάδια.

Μόλο που ο Δίας ήταν μικρότερος από τα αδέλφια του, έγινε ο αρχηγός των θεών και κύριος του ουρανού. Τη δύναμή του ο Δίας την απόκτησε από τότε που οι Κύκλωπες του χάρισαν ένα τρομερό όπλο, τον κεραυνό. Έτσι, κανείς δεν τολμούσε ν' αναμετρηθεί μαζί του. Παντρεύτηκε αρκετές γυναίκες, μα τελευταία κράτησε την Ήρα. Από τις διάφορες γυναίκες απόκτησε τον Απόλλωνα, τον Ερμή, τον Ήφαιστο και τον Άρη και πάρα πολλά ακόμα παιδιά. Την Αθηνά λένε ότι την έβγαλε μέσα από το κεφάλι του ο ίδιος ο Δίας.

Έτσι ο Δίας με τ' αδέλφια του και με μερικά από τα παιδιά του μοίρασαν τον κόσμο. Ο Δίας, που ονομάστηκε πατέρας των θεών και των ανθρώπων, έγινε κύριος του ουρανού και προστάτης των αδικημένων. Ο Ποσειδώνας πήρε στο μερίδιό του τη θάλασσα. Ο Απόλλωνας έγινε θεός του ήλιου και της μουσικής. Ο Ερμής έγινε αγγελιαφόρος των θεών και θεός του εμπορίου. Ο Άρης έγινε θεός του πολέμου, η Δήμητρα θεά της γεωργίας, η Αφροδίτη θεά της ομορφιάς, η Ήρα θεά της οικογενειακής ζωής, η Αθηνά θεά της σοφίας, η Άρτεμη θεά του κυνηγιού, ο Ήφαιστος θεός της φωτιάς και η Εστία θεά του νοικοκυριού.

Αυτοί ήταν οι δώδεκα μεγάλοι θεοί, αλλά υπήρχαν και πολλοί άλλοι μικρότεροι, όπως ο Διόνυσος, που ήταν θεός του κρασιού, ο Πλούτωνας, θεός του Άδη, η Θέτιδα, ο Αίολος, ο Πάνας, οι Νύμφες, οι Μούσες, οι Νεράιδες, οι Χάριτες, οι Ώρες κ.λ.π.

Ο ΠΡΟΜΗΘΕΑΣ

Πριν από το Δία οι άνθρωποι και τα ζώα κατοικούσαν μέσα στις σπηλιές και στις τρύπες της γης. Οι θεοί αποφάσισαν να τους βγάλουν στο φως της ημέρας και να τους βοηθήσουν. Ο Δίας διέταξε τον Επιμηθέα, που ήταν γιος του Τιτάνα Ιαπετού, να δώσει σε κάθε ζωντανό πλάσμα τα όπλα που χρειάζεται, για να μπορεί να προστατεύει τη ζωή του. Έτσι ο Επιμηθέας έδωσε στα ζώα νύχια, δόντια, γρηγοράδα και ό,τι άλλο χρειάζονταν για να ζήσουν. Όμως έκανε ένα σφάλμα. Έδωσε όλα τα όπλα του στα ζώα και ξέχασε τον άνθρωπο! Τον άφησε άοπλο και ανυπεράσπιστο. Και ασφαλώς θα είχε χαθεί το ανθρώπινο γένος, αν δεν το βοηθούσε ο Προμηθέας, που ήταν αδελφός του Επιμηθέα.

Αφού δεν είχε περισσέψει κανένα όπλο για τον άνθρωπο, ο Προμηθέας του χάρισε κάτι πιο πολύτιμο: το μυαλό. Έδωσε εξυπνάδα στον άνθρωπο, για να μπορεί ν' αντιμετωπίζει τους εχθρούς του.

Όμως και πάλι οι άνθρωποι υπέφεραν. Τους έλειπε κάτι που θα έκανε πιο εύκολη τη ζωή τους. Η φωτιά. Ως τότε τη φωτιά την είχαν και τη χαίρονταν οι θεοί. Κι είχαν δώσει λόγο μεταξύ τους να κρατήσουν αυτό το μεγάλο προνόμιο μόνο για τον εαυτό τους.

Ο Προμηθέας όμως, που πονούσε και αγαπούσε τους ανθρώπους, πήρε μια μεγάλη απόφαση. Έκλεψε ένα βράδυ τη φωτιά από τους θεούς και την πρόσφερε στους ανθρώπους, που την είχαν τόσο πολύ ανάγκη και που θα τους βοηθούσε να καλυτερέψουν τη ζωή τους.

Όταν το έμαθε ο Δίας, έγινε έξω φρενών από το θυμό του. Τώρα πια δεν μπορούσε να πάρει τη φωτιά από τους ανθρώπους, αλλά αποφάσισε να τιμωρήσει σκληρά τον Προμηθέα, γι' αυτό που είχε κάνει. Τον άρπαξε, λοιπόν, τον πήγε σ' ένα μεγάλο βουνό, που ονομαζόταν Καύκασος και τον έδεσε με χοντρές αλυσίδες πάνω σ' ένα βράχο, για να μην μπορεί να κινείται.

Κάθε πρωί ένας αετός ερχόταν κοντά του και του έτρωγε το συκώτι. Αυτό γινόταν όλη την ημέρα. Το βράδυ, επειδή ο Προμηθέας ήταν αθάνατος, το συκώτι ξαναγινόταν.

Αυτό το φοβερό μαρτύριο κράτησε πάρα πολλά χρόνια, κάπου τριάντα, ώσπου μια μέρα ο Ηρακλής έφθασε στον Καύκασο, είδε το δυστυχισμένο Προμηθέα και αποφάσισε να τον βοηθήσει. Παρακάλεσε το Δία, που ήταν πατέρας του, να του επιτρέψει να σκοτώσει τον αετό και να σπάσει τις αλυσίδες που έδεναν το μάρτυρα Προμηθέα.

Ο Δίας έκανε το χατήρι του Ηρακλή. Του έδωσε την άδεια να ελευθερώσει τον Προμηθέα. Αφού σκότωσε το φοβερό αετό ο Ηρακλής, έσπασε τις βαριές αλυσίδες που του κρατούσαν δεμένα τα πόδια και τα χέρια κι έτσι το μαρτύριο του Προμηθέα πήρε τέλος. Λένε μάλιστα ότι ήρθε από τον Όλυμπο ο Ήφαιστος και βοήθησε τον Ηρακλή να σπάσουν τις χοντρές αλυσίδες.

Ο Προμηθέας θυσιάστηκε για τον άνθρωπο, προσφέροντάς του το μεγαλύτερο δώρο. Γιατί με τη φωτιά προφυλάγονταν από τα άγρια ζώα, ζεσταίνονταν, μαγείρευαν τα φαγητά τους, έμαθαν να λιώνουν το σίδερο και τα άλλα μέταλλα, έφτιαξαν όπλα και τόσα και τόσα πράγματα ακόμα. Χωρίς τη φωτιά οι άνθρωποι δεν θα πρόοδευαν και θα έμοιαζαν με τα ζώα.

Ώσπου μια μέρα ο Ηρακλής ανέβηκε στον Καύκασο, είδε το μαρτύριο του Προμηθέα και αποφάσισε να τον βοηθήσει.

ΤΟ ΚΟΥΤΙ ΤΗΣ ΠΑΝΔΩΡΑΣ

Όταν ο Δίας έμαθε ότι οι άνθρωποι κατάφεραν να πάρουν τη φωτιά με τη βοήθεια του Προμηθέα, αποφάσισε να τους τιμωρήσει κι εκείνους. Και να τι σκέφτηκε. Είπε στον Ήφαιστο, που ήταν ο σιδηρουργός των θεών, να φτιάξει μια πολύ όμορφη γυναίκα.

Ο Ήφαιστος έβαλε όλη του την τέχνη κι έφτιαξε μια γυναίκα με θεϊκή ομορφιά. Ο Δίας της έδωσε τη ζωή και οι άλλοι θεοί της πρόσφεραν ο καθένας και από ένα δώρο, από ένα χάρισμα. Γι' αυτό και την ονόμασαν Πανδώρα. Δηλαδή είχε πάνω της όλα τα δώρα.

– Και τώρα, της είπε ο Δίας, πήγαινε να ζήσεις με τους ανθρώπους. Πάρε μαζί σου κι αυτό το κουτί. Πρόσεχε όμως να μην το ανοίξεις. Αυτήν τη συμβουλή σου δίνω για το καλό σου

Και τότε, ξεχνώντας τη συμβουλή του Δία, η περίεργη Πανδώρα άνοιξε το κουτί.

και για το καλό των ανθρώπων. Πήγαινε να παρουσιαστείς στον Επιμηθέα, που είναι ο βασιλιάς των ανθρώπων και να του πεις ότι είσαι δώρο των θεών.

Ξεκίνησε η Πανδώρα, λοιπόν και πήγε να βρει τον Επιμηθέα, τον αδελφό του Προμηθέα. Ο Επιμηθέας, όταν είδε την Πανδώρα, την αγάπησε και την παντρεύτηκε αμέσως. Ξέχασε ότι ο Προμηθέας τον είχε συμβουλέψει να μη δεχτεί κανένα δώρο των θεών.

Μια μέρα ο Επιμηθέας είδε το κλειστό κουτί που είχε φέρει μαζί της η Πανδώρα και τη ρώτησε τι είχε μέσα.

– Αυτό το κουτί μού το χάρισε ο Δίας, του απάντησε εκείνη, αλλά με συμβούλεψε να μην το ανοίξω, για το καλό το δικό μου και των ανθρώπων.

– Τότε... μην το ανοίξεις, τη συμβούλεψε ο Επιμηθέας.

Η Πανδώρα όμως άρχισε να βασανίζεται από την περιέργεια και να αναρωτιέται τι μπορεί να έκρυβε μέσα του αυτό το κουτί. Μήπως είχε κάποιο πολύτιμο δώρο του Δία; Και για ποιο λόγο δεν την άφηνε να το ανοίξει;

Η Πανδώρα είχε πάρει πολλά από τα χαρίσματα των θεών, μα είχε κι ένα ελάττωμα, που της το είχε δώσει ο Ερμής. Την περιέργεια. Έτσι, μια μέρα που έλειπε ο Επιμηθέας, αποφάσισε ν' ανοίξει αυτό το παράξενο κουτί, για να δει επιτέλους τι είχε μέσα...

Και το άνοιξε, ξεχνώντας τη συμβουλή του Δία...

Μέσα σ' αυτό το κουτί ο πατέρας των θεών είχε κλεισμένα πολλά βάσανα, πολλούς καημούς, αρρώστιες, ελαττώματα, δάκρυα και πόνους... Κι όλα αυτά με το άνοιγμα του κουτιού πετάχτηκαν, ξεχύθηκαν και πήγαν να ζήσουν μαζί με τους ανθρώπους. Έτσι, από την ημέρα εκείνη οι άνθρωποι θα ζούσαν συντροφιά με τα βάσανα, με τους καημούς, με τις αρρώστιες και με τους πόνους. Ο Δίας είχε πάρει την εκδίκησή του...

Όμως μέσα στο κουτί είχε κλείσει και κάτι καλό. Είχε κλείσει την ελπίδα. Και οι άνθρωποι όσο κι αν υποφέρουν, ελπίζουν πάντα πως θα έρθουν καλύτερες μέρες. Η ελπίδα τούς ομορφαίνει τη ζωή και τους δίνει θάρρος να ξεπερνούν όλες τις δυσκολίες.

Ο ΔΕΥΚΑΛΙΩΝΑΣ ΚΑΙ Η ΠΥΡΡΑ

Μόνο ο Δευκαλίωνας και η Πύρρα σώθηκαν από το φοβερό κατακλυσμό.

Οι άνθρωποι με τη βοήθεια της φωτιάς άρχισαν να προοδεύουν. Αυτό όμως τους έκανε εγωιστές και κακούς. Πίστευαν ότι είχαν φτάσει πια στη δύναμη τους θεούς. Έγιναν άδικοι, τσακώνονταν μεταξύ τους και δεν έκαναν πια θυσίες.

Ο Δίας θύμωσε τόσο πολύ μαζί τους, που αποφάσισε να σβήσει το ανθρώπινο γένος από τη γη εκτός από ένα ζευγάρι. Το Δευκαλίωνα και την Πύρρα.

Ο Δευκαλίωνας ήταν γιος του Προμηθέα και η Πύρρα ήταν η γυναίκα του. Κατοικούσαν στη Θεσσαλία, η ψυχή τους ήταν γεμάτη πραότητα και καλοσύνη, ήσαν δίκαιοι στις σχέσεις τους με τους άλλους ανθρώπους και σέβονταν τους θεούς.

Ο Δίας έστειλε και τους ειδοποίησε ένα βράδυ να φτιάξουν μια πολύ μεγάλη βάρκα και να μπουν μέσα, χωρίς να πουν τίποτα στους άλλους ανθρώπους.

Υπάκουσαν στη θέληση του Δία, έφτιαξαν τη βάρκα και όταν μπήκαν μέσα, ο Δίας άνοιξε τους κρουνούς του ουρανού και άρχισε να βρέχει νύχτα μέρα. Εννέα ολόκληρα μερόνυχτα κράτησε αυτός ο φοβερός κατακλυσμός. Η γη σκεπάστηκε από τα νερά κι ενώ όλοι οι άνθρωποι πνίγηκαν, ο Δευκαλίωνας και η Πύρρα γλίτωσαν μέσα στη βάρκα τους.

Όταν τελείωσε ο κατακλυσμός κι είχαν πεθάνει πια όλοι οι κακοί άνθρωποι, η βάρκα του Δευκαλίωνα και της Πύρρας σταμάτησε πάνω σ' ένα βράχο, στην κορυφή του Παρνασσού, ενός βουνού που βρίσκεται στη Βοιωτία. Βγήκε το ζευγάρι από τη βάρκα κι όταν σιγά-σιγά τα νερά αποσύρθηκαν προς τη θάλασσα, κατέβηκαν στον κάμπο. Όμως ένιωθαν τόσο μόνοι στον έρημο από ανθρώπους κόσμο, που άρχισαν να κλαίνε απελπισμένοι.

Τους είδε ο Δίας από την κορυφή του Ολύμπου κι έστειλε τον Ερμή να τους ρωτήσει γιατί ήταν τόσο λυπημένοι, αφού κατάφεραν να σωθούν από το φοβερό κατακλυσμό.

—Μας φοβίζει αυτή η τρομερή μοναξιά, απάντησε στον Ερμή ο Δευκαλίωνας. Είχαμε συνηθίσει να ζούμε ανάμεσα στους ανθρώπους. Καλύτερα να πεθαίναμε κι εμείς μαζί τους, παρά να μείνουμε μόνοι.

Τους λυπήθηκε τότε ο Δίας και τους είπε:

—Προχωρήστε και όσες πέτρες συναντάτε μπροστά σας να τις ρίχνετε πίσω σας.

Έτσι έκανε το ζευγάρι των τελευταίων ανθρώπων της γης. Και τότε έγινε το θαύμα του Δία. Κάθε πέτρα που έριχνε πίσω του ο Δευκαλίωνας μεταμορφωνόταν σε άνδρα και κάθε πέτρα που έριχνε η Πύρρα μεταμορφωνόταν σε γυναίκα.

Αφού έριξαν αρκετές πέτρες κι έφτιαξαν πολλούς ανθρώπους, ένιωσαν πολύ ευτυχισμένοι, γιατί δε θα βρίσκονταν πια μόνοι σ' αυτήν την απέραντη γη.

Έτσι, μετά τον κατακλυσμό ο Δίας έφτιαξε μια καινούργια γενιά ανθρώπων πάνω στη γη.

Ο Δευκαλίωνας και η Πύρρα απέκτησαν ένα παιδί, που το ονόμασαν Έλληνα. Από τον Έλληνα γεννήθηκαν τρία παιδιά, ο Δώρος, ο Ξούθος και ο Αίολος. Από τον Ξούθο γεννήθηκαν ο Ίωνας και ο Αχαιός. Οι Έλληνες, λοιπόν, είναι απόγονοι του γιου του Δευκαλίωνα. Από τους απόγονους του Έλληνα κατάγονται ακόμα οι Ίωνες και οι Δωριείς.

Ο ΗΡΑΚΛΗΣ

Ο Ηρακλής γεννήθηκε στη Θήβα. Πατέρας του ήταν ο Αμφιτρίωνας και μητέρα του η Αλκμήνη. Πολλοί όμως πίστευαν ότι ο πραγματικός του πατέρας ήταν ο Δίας. Γι' αυτό και η θεά Ήρα από τη ζήλεια της, όταν ο Ηρακλής ήταν ακόμα μωρό, έστειλε στην κούνια του δυο πελώρια φίδια να τον φάνε. Μα ήταν τόση η δύναμη του παιδιού, που άρπαξε τα φίδια και τα έπνιξε.

Όταν έγινε δεκαοχτώ χρονών, είχε γίνει ένας ψηλός και ωραίος έφηβος και κανείς δεν μπορούσε να του παραβγεί στη δύναμη. Μια μέρα, καθώς είχε βγει για περίπατο, είδε το δρόμο να χωρίζεται στα δύο. Στον αριστερό δρόμο στεκόταν μια πολύ όμορφη γυναίκα, ντυμένη φανταχτερά, που του χαμογελούσε. Στο δεξιό δρόμο στεκόταν μια σεμνή γυναίκα, απλά ντυμένη και σοβαρή.

– Ποιες είσαστε; τις ρώτησε παραξενεμένος ο Ηρακλής.

– Εμένα με λένε Κακία, του απάντησε η όμορφη γυναίκα. Έλα μαζί μου και θα σε κάνω ευτυχισμένο.

– Εμένα με λένε Αρετή, του απάντησε η άλλη. Ακολούθησέ με και δε θα μετανιώσεις. Όσοι με ακολουθούν κερδίζουν την εκτίμηση, το σεβασμό και την αγάπη.

Ο Ηρακλής αποφάσισε ν' ακολουθήσει την Αρετή.

Μερικά χρόνια αργότερα παντρεύτηκε κι απέκτησε παιδιά. Μα η Ήρα, που τον μισούσε, σάλεψε μια μέρα τα λογικά του και ο Ηρακλής, χωρίς να το καταλάβει, σκότωσε τη γυναίκα του και τα παιδιά του. Όταν ξεθόλωσε το μυαλό του, άρχισε να κλαίει σπαραχτικά και να χτυπιέται, για το μεγάλο κακό που είχε κάνει. Σκέφτηκε πολλές φορές να πεθάνει και στο τέλος αποφάσισε να πάει στο Μαντείο των Δελφών και να ρωτήσει τι έπρεπε να κάνει, για να τον συγχωρέσουν οι θεοί. Η Πυθία του έδωσε την απάντηση:

– Να πας αμέσως στο θείο σου, τον Ευρυσθέα, το βασιλιά της Τίρυνθας κι εκείνος θα σου δώσει να κάνεις δώδεκα κατορθώματα.

Έφυγε αμέσως ο Ηρακλής για την Τίρυνθα, όπου βρήκε το θείο του. Εκείνος μόλις τον είδε, φοβήθηκε ότι ήρθε να του πάρει το θρόνο και για να τον ξεφορτωθεί, αποφάσισε να τον στείλει να κάνει έναν άθλο, ένα κατόρθωμα που κανένας δεν είχε καταφέρει ως τώρα.

– Άκουσε Ηρακλή, του είπε. Στην περιοχή της Νεμέας υπάρχει ένα λιοντάρι που συχνά κατεβαίνει στα χωριά και κατασπαράζει ανθρώπους και ζώα. Θέλω να πας, να το σκοτώσεις.

Μα ο Ηρακλής δε φοβήθηκε. Χτύπησε το θηρίο μ' ένα ρόπαλο στο κεφάλι και καθώς εκείνο ζαλίστηκε, έσφιξε τα σιδερένια του χέρια στο λαιμό του θηρίου και το έπνιξε. Μετά το έγδαρε, φόρεσε το δέρμα του και πήγε στην Τίρυνθα. Όταν μπήκε στο παλάτι, ο Ευρυσθέας τον πέρασε για πραγματικό λιοντάρι και μπήκε σ' ένα πιθάρι από το φόβο του!

Μα ήταν τόση η δύναμη του μωρού, που άρπαξε τα δυο πελώρια φίδια και τα έπνιξε.

ΑΛΛΑ ΚΑΤΟΡΘΩΜΑΤΑ ΤΟΥ ΗΡΑΚΛΗ

Ο Ευρυσθέας, για να γλιτώσει από τον Ηρακλή, που τον φοβόταν, αποφάσισε να τον στείλει να κάνει ένα δεύτερο και πιο δύσκολο κατόρθωμα, από το οποίο ήταν σίγουρος ότι δε θα γύριζε ζωντανός.

—Ηρακλή, του είπε, στην πεδιάδα της Αργολίδας υπάρχει μια λίμνη, η Λέρνη. Εκεί μέσα ζει ένα φοβερό τέρας, μια Ύδρα. Έχει οχτώ κεφάλια φιδιού και ανάμεσά τους ένα ακόμα, που είναι αθάνατο. Αυτό το τέρας βγαίνει από τη λίμνη, αρπάζει τους ανθρώπους και τους πνίγει στα νερά της.

Έφυγε αμέσως ο Ηρακλής, αποφασισμένος να σκοτώσει τη Λερναία Ύδρα. Μαζί του πήρε και το φίλο του, Ιόλαο. Έφθασαν στην όχθη της λίμνης κι άναψαν φωτιά. Σε λίγο είδαν να τους πλησιάζει το φοβερό τέρας με τα εννέα φιδίσια κεφάλια. Ο Ηρακλής, χωρίς να φοβηθεί, άρπαξε το σπαθί του και άρχισε να κόβει τα κεφάλια του τέρατος. Μα σε κάθε κεφάλι που έκοβε φύτρωναν άλλα δύο!

Φώναξε τότε τον Ιόλαο να του φέρει ένα αναμμένο ξύλο. Έτσι, εκεί που έκοβε ένα κεφάλι, ο Ιόλαος ακουμπούσε τη φωτιά και δε φύτρωνε άλλο. Μ' αυτόν τον τρόπο ο Ηρακλής κατάφερε να σκοτώσει τη Λερναία Ύδρα.

Αλλά ο Ευρυσθέας, που τον παρακινούσε η Ήρα, τον έστειλε τώρα να κάνει ένα ακόμα κατόρθωμα. Στη λίμνη της Στυμφαλίδας, που βρίσκεται στην Κορινθία, υπήρχαν μερικά παράξενα πουλιά. Είχαν σιδερένιο ράμφος και σιδερένια νύχια και ζούσαν πίνοντας ανθρώπινο αίμα. Αυτές τις Στυμφαλίδες όρνιθες έπρεπε να σκοτώσει ο Ηρακλής.

Χωρίς να δειλιάσει ξεκίνησε για τη λίμνη. Εκεί κοντά υπήρχε ένα δάσος, όπου οι όρνιθες κρύβονταν. Αν έμπαινε στο δάσος, σίγουρα θα ορμούσαν πάνω του και θα τον σκότωναν. Έπρεπε να τις βγάλει από το δάσος και να τις σκοτώσει με τα βέλη του. Με ποιον τρόπο θα το κατόρθωνε όμως;

Στεκόταν σκεφτικός στην άκρη του δάσους, όταν παρουσιάστηκε ξαφνικά μπροστά του η θεά Αθηνά. Του έδωσε ένα ζευγάρι κρόταλα, που ο θόρυβός τους έμοιαζε με τις κραυγές των πουλιών. Έτσι, οι όρνιθες ξεγελάστηκαν και καθώς βγήκαν από το δάσος, ο Ηρακλής τις σκότωσε με τα βέλη του.

Ο Ευρυσθέας τον έστειλε να καθαρίσει τους σταύλους του βασιλιά Αυγεία από την κοπριά μέσα σε μια μέρα. Ο Ηρακλής πίστεψε ότι αυτό ήταν πολύ εύκολο να γίνει. Αλλά όταν μπήκε στους σταύλους του Αυγεία, που βρίσκονταν στη μακρινή Ήλιδα, τα έχασε! Η κοπριά ήταν τόση που δε θα κατάφερνε ούτε μέσα σ' ένα χρόνο να τη βγάλει από εκεί μέσα!

Αλλά ο Ηρακλής δεν ήταν μόνο δυνατός. Ήταν και έξυπνος. Οι σταύλοι του Αυγεία βρίσκονταν ανάμεσα σε δυο μεγάλα ποτάμια, τον Αλφειό και τον Πηνειό. Έσκαψε ένα χαντάκι από το πρώτο ποτάμι κι ένα από το δεύτερο και τα ένωσε στην πόρτα του σταύλου. Έτσι, τα ορμητικά νερά των δύο ποταμών καθάρισαν το σταύλο από την κοπριά μέσα σε μια ώρα!

Ο Ευρυσθέας όμως είχε κι άλλα δύσκολα κατορθώματα για τον Ηρακλή. Έτσι, τον έστειλε να σκοτώσει ένα τεράστιο αγριογούρουνο, που κρυβόταν στο βουνό Ερύμανθος και είχε γίνει ο φόβος και ο τρόμος των ανθρώπων της γύρω περιοχής. Ο Ηρακλής βρήκε τα ίχνη του αγριογούρουνου πάνω στο χιόνι, τα ακολούθησε και δεν άργησε να το ανακαλύψει. Το αγριογούρουνο, όταν τον είδε, το 'βαλε στα πόδια, για να γλιτώσει. Ο Ηρακλής το κυνήγησε κι όταν κουράστηκε, το έπιασε ζωντανό, το φόρτωσε στον ώμο του και το πήγε στον Ευρυσθέα, που έτρεξε να κρυφτεί από το φόβο του!

Ο φίλος του Ηρακλή, ο Ιόλαος, πλησίασε με τον αναμμένο δαυλό.

Ο ΘΑΝΑΤΟΣ ΤΟΥ ΗΡΑΚΛΗ

Έκανε και τα δώδεκα κατορθώματα ο Ηρακλής και πολλά άλλα ακόμα. Το όνομά του έγινε ξακουστό σε όλη την Ελλάδα και ο κόσμος τον θαύμαζε, τον φοβόταν και ζητούσε τη βοήθειά του.

Πέρασαν τα χρόνια και ο Ηρακλής παντρεύτηκε την όμορφη Δηιάνειρα. Μια μέρα έφθασαν σ' ένα μεγάλο ποτάμι και θέλησαν να περάσουν στην απέναντι όχθη. Ο Ηρακλής ετοιμάστηκε να σηκώσει τη γυναίκα του, για να την περάσει από το ποτάμι, αλλά τη στιγμή εκείνη παρουσιάστηκε μπροστά τους ένας Κένταυρος, ο Νέσσος. Οι Κένταυροι από τη μέση και πάνω ήταν άνθρωποι και από τη μέση και κάτω είχαν σώμα αλόγου με τέσσερα πόδια.

– Θα την περάσω εγώ απέναντι τη γυναίκα σου, Ηρακλή, του είπε ο Νέσσος.

Ο Ηρακλής του έδωσε την άδεια. Ο Νέσσος βοήθησε τη Δηιάνειρα ν' ανέβει στην πλάτη του και μπήκε στο ποτάμι. Όμως, όταν βγήκε στην απέναντι όχθη, δε σταμάτησε και συνέχισε να καλπάζει. Ο Ηρακλής κατάλαβε πως ο Νέσσος είχε σκοπό να του κλέψει τη γυναίκα και, χωρίς να διστάσει, πέρασε ένα βέλος στο τόξο του και τέντωσε τη χορδή. Το βέλος πέτυχε τον Κένταυρο στην πλάτη και τον έριξε καταγής. Για να εκδικηθεί τον Ηρακλή, ο ετοιμοθάνατος Νέσσος είπε στη Δηιάνειρα λίγο πριν ξεψυχήσει:

– Αν θέλεις να μη σου φύγει ποτέ ο Ηρακλής, πάρε λίγο από το αίμα μου, πότισε μ' αυτό ένα ρούχο του και δώσε το να το φορέσει. Το αίμα μου είναι μαγικό.

Τον πίστεψε η Δηιάνειρα. Όταν έφθασε ο Ηρακλής κοντά της, πήρε με τρόπο το χιτώνα του και έβαψε τη μια άκρη του με λίγο από το αίμα που είχε χυθεί από την πληγή του Νέσσου.

Πέρασαν μερικές μέρες. Ο Ηρακλής θέλησε να κάνει θυσία στους θεούς και η Δηιάνειρα του έδωσε να φορέσει το χιτώνα με το αίμα του Νέσσου. Τότε ο χιτώνας κόλλησε πάνω

στο σώμα του Ηρακλή και δεν έβγαινε. Τραβούσε, τραβούσε και μαζί με το ύφασμα ξεκολλούσαν και οι σάρκες του. Οι πόνοι που ένιωθε ήταν φρικτοί και αποφάσισε να δώσει τέλος στη ζωή του. Κοντά του βρισκόταν ένας φίλος του, ο Ποίας, που παρακολουθούσε το μαρτύριό του, ανήμπορος να τον βοηθήσει.

– Ποία! τον παρακάλεσε ο Ηρακλής, άναψε μια φωτιά!

Ο Ποίας μάζεψε ξύλα και άναψε μια μεγάλη φωτιά. Ο Ηρακλής πήδησε τότε πάνω της, για να καεί και να δώσει τέλος στο μαρτύριό του. Αλλά ο Δίας, που τον παρακολουθούσε από τον Όλυμπο, δεν τον άφησε να πεθάνει. Τον πήρε από τη φωτιά, πριν καεί και τον ανέβασε στον Όλυμπο, να ζήσει ανάμεσα στους θεούς, αθάνατος κι αυτός.

Και η Ήρα, που τόσο πολύ μισούσε τον Ηρακλή, τον συγχώρεσε και τον πάντρεψε με την πανέμορφη κόρη της, την Ήβη.

Ο θρύλος του Ηρακλή έμεινε ζωντανός ως τις μέρες μας. Και για έναν άνθρωπο με πολλή δύναμη λέμε: «Αυτός είναι σωστός Ηρακλής!»

Ο πονηρός Κένταυρος, ο Νέσσος, προσπάθησε να κλέψει τη γυναίκα του Ηρακλή, τη Δηιάνειρα.

Ο Δαίδαλος ήταν Αθηναίος, καταγόταν από τη γενιά του Κέκροπα κι ήταν ο πρώτος αρχιτέκτονας στον κόσμο. Έφτιαχνε θαυμαστά έργα και πολύ ωραία αγάλματα. Ήταν ο πρώτος που έφτιαξε αγάλματα με ανοιχτά μάτια και με το σώμα σε διάφορες στάσεις. Ως τότε τα αγάλματα ήταν όρθια, με ενωμένα πόδια και με χέρια κολλημένα στο σώμα. Ήταν τόσο «ζωντανά» τα αγάλματα του Δαίδαλου, που κάποτε ένας Αθηναίος τα έδεσε, για... να μην περπατήσουν και φύγουν.

Η φήμη του Δαίδαλου έφτασε και στην Κρήτη, όπου βασιλιάς της ήταν ο Μίνωας. Κάλεσε τότε τον ονομαστό Αθηναίο αρχιτέκτονα στην Κρήτη να του φτιάξει διάφορα έργα και αγάλματα. Ο Δαίδαλος πήρε μαζί του και το μοναχογιό του, τον Ίκαρο, που είχε αρχίσει να του μαθαίνει τη θαυμαστή τέχνη του.

Έφτασαν στην Κρήτη, ο Μίνωας τους υποδέχτηκε με πολλές τιμές και άρχισαν τη δουλειά. Στόλισαν τα ανάκτορα του Μίνωα με πολλά αγάλματα, έφτιαξαν διάφορα κτίρια και έργα και κατασκεύασαν ακόμα τον ονομαστό λαβύρινθο. Ο λαβύρινθος δεν ήταν παρά υπόγεια δωμάτια και στοές, που αν έμπαινε κανείς, δεν μπορούσε να βρει ξανά την είσοδο και να βγει. Μέσα στο λαβύρινθο ο Μίνωας έκλεισε το Μινώταυρο, το φοβερό εκείνο τέρας που τρεφόταν με ανθρώπινες σάρκες.

Δούλεψαν αρκετά χρόνια στην Κρήτη ο Δαίδαλος και ο Ίκαρος κι ήρθε η στιγμή να φύγουν, γιατί νοστάλγησαν την πατρίδα τους. Ο Μίνωας προσπάθησε να τους πείσει να μείνουν κι επειδή δεν δέχτηκαν, πήρε την απόφαση να μην τους αφήσει να γυρίσουν στην Αθήνα. Έδωσε διαταγή στα καράβια του να μην πάρει κανένα το Δαίδαλο και τον Ίκαρο.

Μάταια τον παρακάλεσε ο Δαίδαλος. Ο σκληρός Μίνωας δεν άλλαξε γνώμη.

Ο Δαίδαλος προσπάθησε να σκεφτεί με ποιον τρόπο θα κατάφερναν να φύγουν.

Εκεί που σκεφτόταν, είδε ένα πουλί να πετάει με τις ανοιχτές φτερούγες του στον ουρανό. Και τότε... αποφάσισε να κάνουν κι αυτοί το ίδιο. Να φύγουν από τον αέρα!

Άρχισε κρυφά από το Μίνωα να κατασκευάζει δυο ζευγάρια φτερά. Ο σκελετός τους ήταν από ελαφρό ξύλο. Στα χέρια θα δένονταν με λουριά. Έντυσε το σκελετό με κερί και πάνω στο κερί άρχισε σιγά-σιγά να κολλάει με τέχνη και με υπομονή φτερά μεγάλων πουλιών. Έτσι, σε λίγους μήνες τα φτερά ήταν έτοιμα, κρυμμένα στη σπηλιά ενός βουνού.

Κι ένα πρωί ο Δαίδαλος και ο Ίκαρος φόρεσαν τα φτερά τους, πήδησαν από την κορυφή ενός λόφου και άρχισαν να πετούν προς τη θάλασσα, αφήνοντας πίσω τους το νησί.

—Τι όμορφα που είναι! φώναξε ενθουσιασμένος ο Ίκαρος.

—Πρόσεξε, του είπε ο πατέρας του. Μην ανεβαίνεις ψηλά και λιώσει ο ήλιος το κερί, ούτε χαμηλά και βραχούν τα φτερά.

Μα ο Ίκαρος ξέχασε τη συμβουλή του. Από τη χαρά του πήρε σε μια στιγμή ύψος, έλιωσε το κερί και το δύστυχο παλικάρι έπεσε και χάθηκε στη θάλασσα.

Το πέλαγος όπου βυθίστηκε ονομάστηκε Ικάριο και το νησί που βρισκόταν εκεί κοντά ονομάστηκε Ικαρία.

Ο ΔΑΙΔΑΛΟΣ ΚΑΙ Ο ΙΚΑΡΟΣ

Το κερί των φτερών του Ίκαρου έλιωσε και το δύστυχο παλικάρι έπεσε στη θάλασσα.

ΟΡΦΕΑΣ ΚΑΙ ΕΥΡΥΔΙΚΗ

Ο Ορφέας γεννήθηκε στη Θράκη. Πατέρας του ήταν ο Απόλλωνας και μητέρα του η Μούσα Καλλιόπη. Λάτρευε από μικρός τη μουσική κι όταν έπαιζε τη λύρα του μάγευε όχι μόνο τους ανθρώπους και τα ζώα αλλά κι αυτά ακόμα τα δέντρα και τους βράχους.

Ο Ορφέας αγάπησε και παντρεύτηκε μια πεντάμορφη νύμφη, την Ευριδίκη. Όμως μια μέρα ένα φίδι δάγκωσε την Ευριδίκη στο πόδι και πέθανε. Ήταν τόσος ο σπαραγμός του Ορφέα, που αποφάσισε να κατέβει στον Άδη, για να βρει την αγαπημένη του και να την ξαναφέρει στη γη.

Στην είσοδο του Άδη υπήρχε άγρυπνος φύλακας ο Κέρβερος, ένα τέρας με πολλά κεφάλια σκύλου, που δεν άφηνε κανέναν ζωντανό να μπει και κανένα νεκρό να ξαναγυρίσει στη γη. Ο Ορφέας, όταν είδε τον Κέρβερο, άρχισε να παίζει τη λύρα του κι ήταν τόσο μελωδικό, τόσο γλυκό το παίξιμό του, που το φοβερό τέρας αποκοιμήθηκε. Έτσι, ο Ορφέας κατάφερε να μπει στον Άδη. Προχώρησε παίζοντας τη λύρα του, ώσπου έφθασε μπροστά στο θεό του Άδη, τον Πλούτωνα. Μαγεύτηκε κι αυτός τόσο πολύ από τη μουσική του Ορφέα, που τον ρώτησε για ποιο λόγο κατέβηκε ως τον Άδη.

— Θέλω να μου δώσεις την Ευρυδίκη, να την πάρω μαζί μου στη γη, τον παρακάλεσε ο Ορφέας. Την αγαπώ τόσο πολύ, που δεν μπορώ να ζήσω χωρίς αυτήν.

— Θα σου κάνω τη χάρη, Ορφέα, του απάντησε ο Πλούτωνας, αλλά με μια συμφωνία. Να προχωράς μπροστά, ενώ η Ευρυδίκη θα έρχεται πίσω σου. Ώσπου να βγείτε από τον Άδη,

δεν πρέπει να γυρίσεις να την κοιτάξεις. Αν την κοιτάξεις, η Ευρυδίκη θα μείνει για πάντα μαζί μου, στον Άδη.

Του το υποσχέθηκε ο Ορφέας και προχώρησε προς την έξοδο του Άδη. Σε λίγο άκουσε πίσω του τα γνώριμα κι αγαπημένα βήματα της Ευρυδίκης. Της μίλησε κι εκείνη του απάντησε.

Η καρδιά του Ορφέα χτυπούσε σαν τρελή από τη χαρά και τη συγκίνησή του. Η όμορφη Ευρυδίκη θα γύριζε μαζί του στη γη και θα ζούσαν ευτυχισμένοι για πολλά χρόνια...

Έφθασαν στην πύλη του Άδη κι όταν ο Ορφέας αντίκρισε το φως της ημέρας πάνω στη γη, ένιωσε τέτοια λαχτάρα να δει την Ευρυδίκη, που ξέχασε τη συμφωνία που είχε κάνει με τον Πλούτωνα. Έστρεψε το βλέμμα του προς τα πίσω και άπλωσε το χέρι του να πιάσει το χέρι της γυναίκας του... Μα η Ευρυδίκη χάθηκε από τα μάτια του. Την άρπαξε ο Πλούτωνας, για να την κρατήσει για πάντα στο σκοτεινό και φοβερό βασίλειό του.

Απαρηγόρητος ο Ορφέας ανέβηκε στη γη. Έχασε για πάντα την Ευρυδίκη και θα 'μενε μόνος του σ' όλη του τη ζωή. Άρχισε να γυρίζει εδώ κι εκεί παίζοντας τη λύρα του, για να βρει παρηγοριά. Τίποτε άλλο δεν τον συγκινούσε εκτός από τη μουσική.

Οι κοπέλες της Θράκης τον αγαπούσαν, γιατί ήταν πολύ όμορφος και γιατί η μουσική του μεθούσε τις καρδιές τους. Μα ο Ορφέας αδιαφορούσε για όλες. Δεν μπορούσε να ξεχάσει τη χαμένη του Ευρυδίκη. Τότε οι γυναίκες της Θράκης τον μίσησαν και μια μέρα τον σκότωσαν, τον έκαναν πολλά κομμάτια και τον έριξαν στη θάλασσα. Αργότερα το κεφάλι του και η λύρα του βγήκαν στη Μυτιλήνη, όπου οι κάτοικοί της έχτισαν προς τιμήν του ένα μεγάλο ναό.

Ο Ορφέας δεν άντεξε, στράφηκε προς τα πίσω και άπλωσε το χέρι του να πιάσει την Ευρυδίκη.

Ο ΘΗΣΕΑΣ

Ένας από τους παλιούς και μεγάλους βασιλιάδες της Αθήνας ήταν και ο Αιγέας. Όλοι τον αγαπούσαν και τον σέβονταν, μα εκείνος ήταν δυστυχισμένος, γιατί δεν είχε αποκτήσει παιδί, για να του αφήσει το θρόνο του. Μια μέρα αποφάσισε να πάει στο μαντείο των Δελφών και να ρωτήσει την Πυθία τι έπρεπε να κάνει, για ν' αποκτήσει παιδί.

– Να παντρευτείς την κόρη του Πιτθέα, του βασιλιά της Τροιζήνας, αλλά να μην την πάρεις μαζί σου στην Αθήνα, του έδωσε το χρησμό της η Πυθία.

Ο Αιγέας έφυγε αμέσως για την Τροιζήνα. Εκεί γνωρίστηκε με την όμορφη κόρη του βασιλιά Πιτθέα, την Αίθρα και την παντρεύτηκε. Επειδή έπρεπε να γυρίσει στην Αθήνα, είπε στην Αίθρα:

– Εγώ θα φύγω, μα δεν μπορώ να σε πάρω μαζί μου. Αν γεννήσεις αγόρι, να του πεις πως είναι γιος του βασιλιά Αιγεία. Θα κρύψω κάτω από ένα βράχο τα σαντάλια μου και το ξίφος μου. Όταν ο γιος μου καταφέρει να διώξει από τη θέση του το βράχο και να τα πάρει, τότε μπορεί να έρθει να με βρει στην Αθήνα.

Η Αίθρα γέννησε αγόρι και το ονόμασε Θησέα. Ήταν ένα όμορφο, ατρόμητο και δυνατό παιδί. Όταν έκλεισε τα δεκάξι του χρόνια, η Αίθρα του μίλησε για τον πατέρα του και τον πήγε στο μέρος όπου είχε κρύψει τα σαντάλια και το ξίφος. Με μεγάλη ευκολία ο Θησέας μετατόπισε το βράχο, πήρε τα σαντάλια, τα φόρεσε, ζώστηκε και το σπαθί του και αφού αποχαιρέτησε τη μητέρα του, αποφάσισε να φύγει για την Αθήνα.

Μα από την Τροιζήνα ως την Αθήνα υπήρχαν φοβεροί ληστές, που λήστευαν και σκότωναν τους διαβάτες. Ο Θησέας όμως δε δίστασε να κάνει αυτήν τη διαδρομή, αποφασισμένος ν' αναμετρηθεί με τους ληστές, αν τύχαινε και τους συναντούσε.

Πλησίαζε να φθάσει στην Επίδαυρο ο Θησέας, όταν βρέθηκε μπροστά του ένας φοβερός ληστής, ο Περιφήτης, που φορούσε δέρμα αρκούδας και κρατούσε ένα ρόπαλο. Ο Θησέας όρμησε καταπάνω του, του άρπαξε το ρόπαλο και τον σκότωσε μ' αυτό.

Κοντά στον Ισθμό της Κορίνθου είχε το βασίλειό του ένας άλλος φοβερός ληστής, ο Σίνης. Αυτός, αφού λήστευε τα θύματά του, έδενε το κάθε πόδι τους στην κορυφή ενός ευλύ-

Σήκωσε με ευκολία το μεγάλο βράχο και βρήκε τα σαντάλια και το σπαθί του πατέρα του.

γιστου δέντρου κι ύστερα άφηνε ελεύθερες τις δυο κορυφές. Μ' αυτόν τον τρομερό τρόπο τους σκότωνε. Όμως ο Θησέας τον σκότωσε με μεγάλη ευκολία και συνέχισε το δρόμο του για την Αθήνα.

Πριν φθάσει στα Μέγαρα σκότωσε έναν τρίτο ληστή, τον Σκίρωνα, που του άρεσε να γκρεμίζει τους διαβάτες στη θάλασσα, όπου τους έτρωγε μια μεγάλη χελώνα.

Έξω από την Αθήνα και κοντά στην Ελευσίνα υπήρχε ένας ακόμη φοβερός ληστής, ο Προκρούστης. Αυτός είχε ένα κρεβάτι και ξάπλωνε πάνω του τα θύματά του, όπου και τα έδενε. Αν τα πόδια τους ήταν πιο μακριά από το κρεβάτι, τα έκοβε. Αν ήταν πιο κοντά, τα τραβούσε να... μακρύνουν.

Τον σκότωσε κι αυτόν ο Θησέας, αφού πάλεψε μαζί του και μπήκε θριαμβευτικά στην Αθήνα. Ο Αιγέας, που τον αναγνώρισε από τα σαντάλια και το σπαθί, τον δέχτηκε με χαρά και αγάπη στο παλάτι και τον όρισε διάδοχό του.

Ο ΘΗΣΕΑΣ ΚΑΙ Ο ΜΙΝΩΤΑΥΡΟΣ

Στην Αθήνα συνήθιζαν να τιμούν τη θεά Αθηνά με μεγάλες γιορτές και αγώνες, στους οποίους έπαιρναν μέρος νέοι από όλα τα μέρη της Ελλάδας. Μια χρονιά πήρε μέρος και ο γιος του Μίνωα, του μεγάλου βασιλιά της Κρήτης, που τον έλεγαν Ανδρόγεο. Ο Ανδρόγεος, που ήταν ένα πολύ δυνατό παλικάρι, κέρδισε όλους τους αντίπαλούς του και πήρε όλες τις νίκες.

Οι αντίπαλοί του έκαναν τότε μια κακή και άτιμη πράξη. Αντί να τον συγχαρούν για την επιτυχία του, τον σκότωσαν.

Ο Μίνωας έγινε έξω φρενών μαθαίνοντας

το θάνατο του γιου του κι αμέσως κήρυξε τον πόλεμο στην Αθήνα. Την πολιόρκησε και δεν άργησε να την κυριεύσει. Αφού σκότωσε πολλούς Αθηναίους και πήρε μαζί του πολλά λάφυρα, τους ανάγκασε να στέλνουν κάθε χρόνο εφτά νέους και εφτά νέες είκοσι χρονών, για να τους τρώει ο Μινώταυρος, το φοβερό τέρας που είχε κλείσει στο λαβύρινθο.

Ο Θησέας δεν μπορούσε ν' αντέξει αυτό το φοβερό κακό και αποφάσισε να πάει στην Κρήτη και να σκοτώσει το Μινώταυρο. Τότε ο Αιγέας προσπάθησε να τον κάνει ν' αλλάξει γνώμη.

Μα ο Θησέας ήταν αμετάπειστος κι έφυγε για την Κρήτη μαζί με άλλους δεκατρείς νέους, που είχαν την ατυχία να πέσει σ' αυτούς ο κλήρος. Ο πατέρας του τον αποχαιρέτησε κλαίγοντας και τον παρακάλεσε, αν γλιτώσει από το Μινώταυρο, να βάλει λευκά πανιά στο καράβι του γυρισμού, για να τα δει από μακριά καθώς θ' αγνάντευε το πέλαγος. Το καράβι πάντα είχε μαύρα πανιά, όταν πήγαινε και γύριζε από την Κρήτη.

Έφτασε στο βασίλειο του Μίνωα ο Θησέας και η κόρη του βασιλιά της Κρήτης, η Αριάδνη, τον αγάπησε και αποφάσισε να τον βοηθήσει να βγει από το λαβύρινθο, αν σκότωνε το Μινώταυρο. Του έδωσε ένα κουβάρι με κλωστή. Τη μια άκρη θα την κρατούσε εκείνη έξω από το λαβύρινθο. Ο Θησέας θα ξετύλιγε το κουβάρι κι όταν θα 'θελε να βγει, δεν είχε παρά να μαζέψει την κλωστή.

Μπήκε με θάρρος στο λαβύρινθο ο Θησέας και δεν άργησε να βρει το Μινώταυρο. Ο Θησέας, που ήταν ο πρώτος που γνώριζε τα μυστικά της πάλης, πάλεψε με το Μινώταυρο και κατάφερε να τον σκοτώσει. Μάζεψε έπειτα την κλωστή και βγήκε εύκολα από το λαβύρινθο.

Πήρε μαζί του την Αριάδνη ο Θησέας και μαζί με τους νέους μπήκαν στο καράβι και ξεκίνησαν για την Αθήνα. Ήταν τόση η χαρά τους, που το 'ριξαν όλοι στο γλέντι και ξέχασαν ν' αλλάξουν τα μαύρα πανιά του καραβιού και να βάλουν λευκά. Αλλά, ώσπου να φθάσουν στην Αθήνα, είχαν καιρό ακόμα.

Το βράδυ έφθασαν σ' ένα όμορφο νησί, τη Νάξο. Βγήκαν από το καράβι, άναψαν μεγάλες φωτιές στην παραλία και μετά το φαγοπότι έπεσαν για ύπνο.

Ο Θησέας αντιμετώπισε με θάρρος τον τρομερό Μινώταυρο και κατάφερε να τον σκοτώσει.

Η ΑΡΙΑΔΝΗ ΚΑΙ Ο ΔΙΟΝΥΣΟΣ

Στο νησί της Νάξου, που τότε ονομαζόταν νησί του Δία, έτυχε να βρίσκεται και ο θεός του κρασιού, Διόνυσος. Είδε την όμορφη Αριάδνη, την αγάπησε και αποφάσισε να την πάρει από το Θησέα, να την παντρευτεί και να την κάνει αθάνατη. Και για να το κατορθώσει αυτό, έβαλε μπροστά το σχέδιό του. Παρουσιάστηκε στον ύπνο του Θησέα και του είπε να φύγει το πρωί για την Αθήνα, χωρίς να πάρει την Αριάδνη μαζί του, γιατί θα τον έβρισκε μεγάλο κακό.

— Μα... η Αριάδνη με ακολούθησε με τη θέλησή της! του είπε ο Θησέας. Σκοπεύω να την παντρευτώ και να την κάνω βασίλισσα της Αθήνας.

— Κι εγώ σκοπεύω να την παντρευτώ και να την κάνω αθάνατη, του απάντησε ο Διόνυσος. Ποιος από τους δυο μας θα την κάνει περισσότερο ευτυχισμένη; Μην ξεχνάς την απειλή μου, Θησέα!

Ξημέρωσε και ο Θησέας ξύπνησε πρώτος. Δίπλα του κοιμόταν η Αριάδνη. Προχώρησε προς το καράβι του και ξύπνησε τους ναύτες να ετοιμαστούν, για να συνεχίσουν το ταξίδι τους. Ξαφνικά άρχισε μια άγρια ανεμοθύελλα να σαρώνει το νησί. Σήκωνε σύννεφο τη σκόνη κι έσπαζε τα δέντρα στο πέρασμά της. Ο Θησέας έτρεξε στο μέρος που κοιμόταν η Αριάδνη, μα δεν τη βρήκε εκεί που την είχε αφήσει. Κανείς δεν την είχε δει.

— Σίγουρα θα την παρέσυρε ο άνεμος! του είπε ένας από τους συντρόφους του. Πρέπει να ψάξουμε να τη βρούμε.

Ο Θησέας θυμήθηκε τότε το όνειρο που είχε δει στον ύπνο του. Κατάλαβε ότι ο Διόνυσος του πήρε την Αριάδνη. Ό,τι κι αν έκανε, δεν θα μπορούσε να την κερδίσει από έναν θεό.

— Όχι, θα φύγουμε χωρίς την Αριάδνη, απάντησε με βουρκωμένα μάτια και προχώρησε προς το καράβι.

Στο μεταξύ ο άνεμος είχε παρασύρει την Αριάδνη σε μια ερημική ακτή. Ήταν έτοιμη να φωνάξει, για να την ακούσει ο Θησέας και να τρέξει κοντά της, όταν ξαφνικά παρουσιάστηκε μπροστά της ο θεός Διόνυσος, στεφανωμένος με σταφύλια και κρατώντας ένα χρυσό κύ-

Ξαφνικά παρουσιάστηκε μπροστά στην Αριάδνη ο θεός Διόνυσος με τη χαρούμενη συνοδεία του.

πελλο με κρασί. Πίσω του ακολουθούσε η χαρούμενη συνοδεία του.

—Μη φοβάσαι, Αριάδνη, της είπε. Έχασες το Θησέα, μα θα σε παντρευτεί ένας θεός και θα σε κάνει αθάνατη.

Η Αριάδνη τα έχασε. Δεν μπόρεσε να πει λέξη. Ο Διόνυσος της έδωσε να πιει από το χρυσό κύπελλο και αμέσως μετά ένα σύννεφο τους πήρε και τους οδήγησε στην κορυφή του Ολύμπου. Εκεί ο Διόνυσος παντρεύτηκε την κόρη του Μίνωα και της χάρισε ένα χρυσό στεφάνι με διαμάντια, που το είχε φτιάξει ο Ήφαιστος. Ο Δίας όμως της πρόσφερε ένα ακόμα πιο μεγάλο δώρο. Την έκανε αθάνατη, για να ζει από δω και μπρος μαζί με τους θεούς.

Οι αρχαίοι Έλληνες είχαν τόσο πολύ θαμπωθεί από το χρυσό στεφάνι της Αριάδνης, που έδωσαν το όνομά του σ' έναν από τους πολλούς αστερισμούς του ουρανού.

Ο ΘΑΝΑΤΟΣ ΤΟΥ ΑΙΓΕΑ

Το καράβι άφησε το νησί του Δία και όλοι απορούσαν γιατί ο Θησέας δεν έκανε τίποτα για να βρει την Αριάδνη, που χάθηκε μέσα στον άνεμο. Δεν μπορούσαν να ξέρουν το όνειρο που είδε το βασιλόπουλό τους το βράδυ και την απειλή του Διόνυσου. Τον έβλεπαν να κάθεται στην πλώρη και να χύνει πικρά δάκρυα και κανείς δεν έβρισκε το θάρρος να του μιλήσει. Ήξεραν όλοι τους ότι δεν επρόκειτο να ξαναδούν την Αριάδνη και βαριά θλίψη είχε πέσει στο καράβι. Οι δεκατρείς νέοι που γύριζαν ζωντανοί στην Αθήνα, δε θα ξεχνούσαν ποτέ ότι τη ζωή τους την όφειλαν στην όμορφη κόρη του Μίνωα. Αν δεν βοηθούσε η Αριάδνη, τώρα θα βρίσκονταν στην κοιλιά του Μινώταυρου.

Το καράβι προχωρούσε στην ήσυχη θάλασσα με τα μαύρα του πανιά. Η χαρά της σωτηρίας τους την προηγούμενη μέρα και τώρα η θλίψη τους για το χαμό της Αριάδνης τούς είχαν κάνει να ξεχάσουν την υπόσχεση που έδωσαν στο βασιλιά τους τον Αιγέα, πως θα 'βαζαν λευκά πανιά, αν ο Θησέας κατόρθωνε να νικήσει το φοβερό τέρας της Κρήτης.

Και ο Αιγέας;

Ο βασιλιάς της Αθήνας δεν μπορούσε να βρει ησυχία από την ημέρα που ο μοναχογιός του σάλπαρε για την Κρήτη. Ήταν βέβαια ένα δυνατό παλικάρι και είχε κάνει πολλά απίστευτα κατορθώματα ως τώρα, μα το Μινώταυρο τον φοβόταν ο Αιγέας. Είχε ακούσει τρομερά πράγματα γι' αυτό το τέρας. Αλλά εκείνο που φοβόταν πιο πολύ ο Αιγέας ήταν ο λαβύρινθος, μέσα στον οποίο ζούσε ο Μινώταυρος. Κανένας απ' όσους είχαν δοκιμάσει να μπουν στο λαβύρινθο δεν κατάφερε να βγει...

Όταν πέρασαν μερικές ημέρες, ο Αιγέας πήγε στη θάλασσα και από ένα ύψωμα αγνάντευε το πέλαγος, να δει το καράβι που θα γύριζε από την Κρήτη. Και να που την τρίτη μέρα το είδε από μακριά. Δεν μπορούσε όμως να ξεχωρίσει αν ήταν μαύρα ή λευκά τα πανιά του...

Η καρδιά του χτυπούσε βαριά από την αγω-

νία και τα μάτια του δεν ξεκολλούσαν από το καράβι, που σιγά-σιγά μεγάλωνε... Και...

—Ω... συμφορά μου! βόγκηξε ο γερο-βασιλιάς.

Τα πανιά του καραβιού ήταν μαύρα, τα έβλεπε καλά... Αυτό σήμαινε ότι οι νέοι της Αθήνας και ο γιος του, ο Θησέας, δε θα ξαναγύριζαν ποτέ πια... Αυτό σήμαινε ότι ο Θησέας δεν κατάφερε να σκοτώσει το Μινώταυρο.

—Τι τη θέλω τη ζωή, τώρα που πέθανε το παιδί μου; φώναξε με σπαραγμό ο Αιγέας.

Και χωρίς να σκεφτεί τίποτε άλλο, έπεσε από την κορυφή του βράχου και πνίγηκε... Πού να φανταστεί ότι ο αγαπημένος του γιος είχε σκοτώσει το Μινώταυρο και γύριζε ζωντανός στην Αθήνα...

Ο Θησέας, που πόνεσε πολύ για τον άδικο θάνατο του πατέρα του, καθώς και οι Αθηναίοι, για να τιμήσουν το νεκρό βασιλιά τους, έδωσαν το όνομά του στη θάλασσα που πνίγηκε. Την ονόμασαν Αιγαίο Πέλαγος.

—Τι τη θέλω τη ζωή, τώρα που πέθανε το παιδί μου; φώναξε με σπαραγμό ο Αιγέας.

ΠΕΛΟΠΑΣ ΚΑΙ ΙΠΠΟΔΑΜΕΙΑ

Ο Πέλοπας ήταν γιος του Τάνταλου, βασιλιά της Λυδίας. Ο Τάνταλος ήταν παιδί του Δία. Μια μέρα έκανε τραπέζι στους θεούς και τους έδωσε να φάνε τον ίδιο το γιο του. Ο Δίας το πήρε είδηση και αφού ένωσε τα κομμάτια, ζωντάνεψε τον Πέλοπα και τιμώρησε παραδειγματικά τον Τάνταλο, να υποφέρει από αιώνια δίψα στον Άδη.

Ο Πέλοπας, όταν μεγάλωσε, ήρθε στην Ελλάδα. Ήταν ένα πολύ γερό και όμορφο παλικάρι.

Στην Πελοπόννησο και κοντά στην Ολυμπία ήταν μια πόλη που την έλεγαν Πίσα. Βασιλιάς στην Πίσα ήταν ο Οινόμαος, γιος του θεού Άρη. Είχε μόνο μια κόρη, την Ιπποδάμεια, που η ομορφιά της έκανε όλα τα βασιλόπουλα να τη λαχταρούν για γυναίκα τους. Ο Οινόμαος όμως δεν ήθελε να παντρέψει την Ιπποδάμεια και σε κάθε παλικάρι που του τη ζητούσε, απαντούσε:

– Θα σου δώσω πρόθυμα την Ιπποδάμεια για γυναίκα σου, αρκεί να με νικήσεις στην αρματοδρομία. Αν νικηθείς όμως, θα σου πάρω το κεφάλι.

Ο Οινόμαος ήταν πάντα σίγουρος για τη νίκη του, επειδή στο άρμα του έζευε δυο άλογα που του είχε χαρίσει ο Άρης. Ήταν αθάνατα και δυνατά άλογα και κάλπαζαν με τη γρηγοράδα της αστραπής.

Μια μέρα ο Πέλοπας είδε την Ιπποδάμεια και τον σκλάβωσε η ομορφιά της. Αποφάσισε να την παντρευτεί και της το είπε.

– Μην τολμήσεις να κάνεις κάτι τέτοιο, του είπε με κλάματα η Ιπποδάμεια, που τον αγάπησε κι εκείνη. Ο πατέρας μου θα σε νικήσει οπωσδήποτε στην αρματοδρομία και θα σε σκοτώσει.

Μα ο Πέλοπας ήταν πεισματάρης. Όταν έμαθε ότι ο Οινόμαος είχε δυο αθάνατα άλογα, παρακάλεσε τον Ποσειδώνα να του χαρίσει δυο καλύτερα άλογα, για να μπορέσει να συναγωνιστεί τον πατέρα της αγαπημένης του. Ο Ποσειδώνας του έκανε τη χάρη και του έδωσε δυο υπέροχα άλογα. Έτσι, ο Πέλοπας πήγε με

Σε μια στιγμή το άρμα του Οινόμαου, που ακολουθούσε, διαλύθηκε...

θάρρος να ζητήσει την Ιπποδάμεια από τον πατέρα της.

Δέχτηκε τους όρους του Οινόμαου και όρισαν την ημέρα που θα γινόταν η αρματοδρομία. Έδεσαν τα άρματά τους στα άλογα, πήραν τα μαστίγια, κράτησαν σφιχτά τα χαλινάρια και... ξεκίνησαν και οι δυο σαν σίφουνες.

Ήταν μια άγρια μονομαχία ανάμεσα στα άλογα του Άρη και του Ποσειδώνα. Αφού έτρεξαν για αρκετό διάστημα μαζί, το άρμα του Πέλοπα άρχισε σιγά-σιγά να κερδίζει απόσταση. Μάταια μαστίγωνε τα άλογά του ο Οινόμαος. Ο Πέλοπας τον νικούσε. Σε μια στιγμή μάλιστα το άρμα του χτύπησε σε μια πέτρα, έσπασε και ο Οινόμαος βρήκε τραγικό θάνατο.

Αλλος μύθος λέει ότι ένας υπηρέτης του Οινόμαου, ο Μυρτίλος, δασκαλεμένος από την Ιπποδάμεια, είχε αλλάξει τους σιδερένιους αρμούς της άμαξας του πατέρα της με ξύλινους, γι' αυτό και διαλύθηκε.

Έτσι, ο Πέλοπας παντρεύτηκε την Ιπποδάμεια και έγινε βασιλιάς της Πίσας. Λέγεται ότι ο Πέλοπας καθιέρωσε τους Ολυμπιακούς αγώνες και το μεγάλο νησί — η Πελοπόννησος — που ονομαζόταν διαφορετικά τότε, πήρε το όνομά του.

Ο ΠΕΡΣΕΑΣ ΚΑΙ Η ΜΕΔΟΥΣΑ

Ο βασιλιάς του Άργους, Ακρίσιος, είχε μια όμορφη κόρη, τη Δανάη. Μια μέρα ένας μάντης του είπε ότι θα τον σκοτώσει ο εγγονός του. Έτσι, όταν η Δανάη γέννησε ένα γιο, ο Ακρίσιος από το φόβο του τους έβαλε και τους δυο σ' ένα κιβώτιο και τους έριξε στη θάλασσα να πνιγούν. Όμως το κιβώτιο δε βούλιαξε και το κύμα δυο μέρες αργότερα έβγαλε τη Δανάη και το μωρό της στην άκρη ενός νησιού, που ονομαζόταν Σέριφος. Εκεί βασίλευε ο Πολυδέκτης. Πήρε στο παλάτι του τη Δανάη και το γιο της, που τον ονόμασε Περσέα και τους πρόσφερε ένα σίγουρο καταφύγιο.

Όταν όμως πέρασαν τα χρόνια, ο Πολυδέκτης θέλησε να εξοντώσει τον Περσέα, γιατί τον εμπόδιζε να παντρευτεί τη μητέρα του και του πρότεινε να σκοτώσει τη Μέδουσα και να του φέρει το κεφάλι της. Η Μέδουσα ήταν ένα φρικτό τέρας με γυναικεία μορφή και αντί για μαλλιά είχε στο κεφάλι της φίδια. Όποιος την κοίταζε, αμέσως μαρμάρωνε.

Ο Περσέας έφυγε για τη μακρινή Λιβύη, όπου έμενε η Μέδουσα. Τότε ο Ερμής και η Αθηνά αποφάσισαν να τον βοηθήσουν. Ο Ερμής του χάρισε δυο φτερωτά σαντάλια και η Αθηνά έναν καθρέφτη. Του είπε να κοιτάζει στον καθρέφτη και όταν δει μέσα σ' αυτόν να τον πλησιάζει η Μέδουσα, να κλείσει τα μάτια, να στραφεί προς τα πίσω και να τη σκοτώσει.

Έτσι κι έγινε. Ο Περσέας κατάφερε να σκοτώσει τη Μέδουσα, της πήρε το κεφάλι και το έφερε στον Πολυδέκτη. Εκείνος, όταν το κοίταξε, έγινε αμέσως ένα πέτρινο άγαλμα.

Ο Περσέας χάρισε την κεφαλή της Μέδουσας στην Αθηνά, που την έβαλε στην ασπίδα της και όταν η μητέρα του τού εξήγησε ότι είναι εγγονός του Ακρίσιου, του βασιλιά του Άργους, αποφάσισε να τον επισκεφθεί.

Όταν όμως ο Ακρίσιος έμαθε ότι ο εγγονός του ζούσε κι ερχόταν στο Άργος, θυμήθηκε την

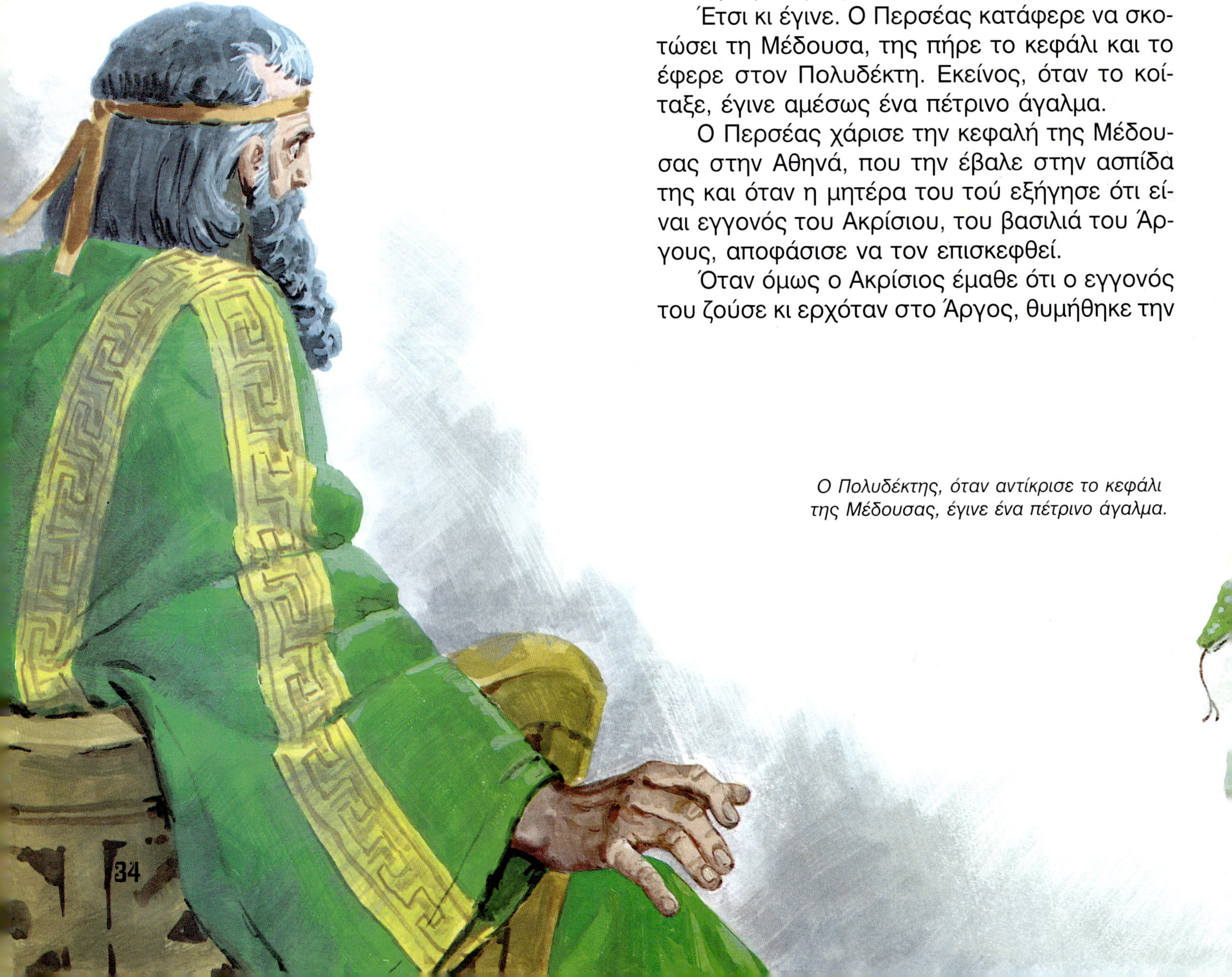

Ο Πολυδέκτης, όταν αντίκρισε το κεφάλι της Μέδουσας, έγινε ένα πέτρινο άγαλμα.

προφητεία του μάντη κι αμέσως άφησε το θρόνο του κι έφυγε όσο πιο μακριά μπορούσε, για να γλιτώσει. Ο Περσέας έγινε τότε βασιλιάς του Άργους και χάρηκε που έφυγε ο παππούς του, γιατί φοβόταν κι εκείνος μήπως πραγματοποιηθεί η προφητεία.

Λίγα χρόνια αργότερα στη Λάρισα της Θεσσαλίας γίνονταν μεγάλοι αγώνες και ο Περσέας αποφάσισε να πάρει μέρος και ν' αγωνιστεί στο δίσκο.

Έπιασε το δίσκο ο Περσέας, πήρε τη στροφή και τον πέταξε με όλη του τη δύναμη. Μα ο δίσκος γλίστρησε στα δάχτυλά του, άλλαξε κατεύθυνση κι έπεσε στο κεφάλι ενός θεατή και του το έσπασε.

Έτρεξε ο Περσέας κοντά στον ετοιμοθάνατο θεατή και τον ρώτησε ποιος είναι.

– Είμαι... ο Ακρίσιος, ο βασιλιάς του Άργους! του απάντησε ο γέρος και ξεψύχησε.

Ο Περσέας σκότωσε, χωρίς να το θέλει, τον παππού του. Η προφητεία του μάντη βγήκε αληθινή...

Εκείνη τη στιγμή παρουσιάστηκε το τρομερό τέρας του Ποσειδώνα.

Ο ΠΕΡΣΕΑΣ ΚΑΙ Η ΑΝΔΡΟΜΕΔΑ

Στη μακρινή χώρα της Αιθιοπίας βασίλευε κάποτε ο Κηφέας. Τη γυναίκα του την έλεγαν Κασσιόπεια. Ήταν πολύ όμορφη και κάθε τόσο, όταν κοιταζόταν στον καθρέφτη της, φώναζε περήφανα:

– Είμαι πιο όμορφη απ' όλες τις νύμφες και τις νεράιδες!

Μια μέρα μάλιστα μέθυσε τόσο πολύ από την ομορφιά της, που είπε:

– Είμαι πιο όμορφη και από αυτήν ακόμα τη θεά της ομορφιάς, την Αφροδίτη!

Το έμαθε η Αφροδίτη και αποφάσισε να τιμωρήσει όχι μόνο την Κασσιόπεια για την περηφάνια της αλλά και τον άφταιχτο λαό της. Παρακάλεσε τον Ποσειδώνα ν' αναλάβει την τιμωρία. Ο Ποσειδώνας έριξε τότε έναν τρομερό κατακλυσμό στη χώρα της Αιθιοπίας. Πλημμύρισαν τα πάντα και, σαν να μην έφτανε αυτό, έστειλε ένα τέρας, που έμοιαζε σαν φτερωτός δράκος, να καταβροχθίζει κάθε ζωντανό πλάσμα που συναντούσε μπροστά του.

Απελπίστηκε ο Κηφέας για το δράμα της χώρας του κι έστειλε να ρωτήσει το μαντείο των Δελφών τι έπρεπε να κάνει.

– Ένας τρόπος υπάρχει να σωθεί η χώρα σου, απάντησε η Πυθία. Να δώσεις στο τέρας να φάει τη μοναχοκόρη σου, την Ανδρομέδα.

Ο Κηφέας έπεσε σε βαθιά απελπισία. Πώς να θυσιάσει την κόρη του, που τη λάτρευε; Αλλά... και πώς ν' άφηνε το λαό του ανυπεράσπιστο στη μανία του τέρατος; Ύστερα από πολλές σκέψεις πήρε με βαριά καρδιά την απόφαση να θυσιάσει την κόρη του. Την ανέβασε σε έναν ψηλό βράχο κι εκεί την έδεσε με αλυσίδες, για να τη δει το τέρας.

Στη χώρα των Αιθιόπων έτυχε να περνάει την ημέρα εκείνη ο Περσέας. Γύριζε από τη χώρα της Λιβύης, όπου κατάφερε να σκοτώσει τη Μέδουσα και να της πάρει το κεφάλι. Είδε την όμορφη και δεμένη κοπέλα στην κορυφή του βράχου, που έκλαιγε απελπισμένα και με τα φτερωτά σαντάλια που του είχε χαρίσει ο Ερμής ανέβηκε ως εκεί πάνω και τη ρώτησε ποιος την έδεσε.

– Ο πατέρας μου, του απάντησε η Ανδρομέδα και του εξήγησε για ποιο λόγο το έκανε.

Εκείνη τη στιγμή παρουσιάστηκε το τρομερό τέρας του Ποσειδώνα. Ο Περσέας τράβηξε το σπαθί του και πριν εκείνο προλάβει ν' αγγίξει την όμορφη Ανδρομέδα, το σκότωσε.

Έτσι, σώθηκε η όμορφη κόρη του Κηφέα και βρήκε την ησυχία του ο λαός της Αιθιοπίας. Ο Περσέας παντρεύτηκε την Ανδρομέδα, την οδήγησε στο Άργος κι έζησαν ευτυχισμένοι για πολλά χρόνια. Όταν πέθαναν, οι Έλληνες έδωσαν τ' όνομά τους σε δυο φωτεινά αστέρια του ουρανού, για να τους θυμούνται και οι επόμενες γενιές των ανθρώπων.

ΤΟ ΧΡΥΣΟΜΑΛΛΟ ΚΡΙΑΡΙ

Στον Ορχομενό της Βοιωτίας ήταν ένας βασιλιάς που τον έλεγαν Αθάμα και τη γυναίκα του Νεφέλη. Είχαν δυο χαριτωμένα παιδιά, τον Φρίξο και την Έλλη. Όμως η Νεφέλη πέθανε, αφήνοντας μικρά τα παιδιά και ο Αθάμας αναγκάστηκε να ξαναπαντρευτεί. Τη δεύτερη γυναίκα του την έλεγαν Ινώ.

Η Ινώ ζήλευε τα παιδιά του άντρα της και πιο πολύ το Φρίξο. Και για να τον βγάλει από τη μέση, σκέφτηκε έναν πολύ πονηρό τρόπο. Έπιασε και καβούρντισε το σιτάρι που χρειαζόταν για τη σπορά κι έπειτα το μοίρασε στους κατοίκους του Ορχομενού. Εκείνοι έσπειραν, μα το σιτάρι δε φύτρωσε κι έτσι, σε λίγους μήνες έπεσε μεγάλη πείνα και δυστυχία στην πόλη. Ο Αθάμας έστειλε τότε δυο ανθρώπους στο μαντείο των Δελφών, να ρωτήσουν την Πυθία για ποιο λόγο δε φύτρωσε το σιτάρι. Η Ινώ δωροδόκησε τους ανθρώπους του Αθάμα και του είπαν ψέματα, πως τάχα η Πυθία τους είπε ότι οι θεοί ήταν οργισμένοι μαζί του και πως για να τους καλοπιάσει, έπρεπε να θυσιάσει το γιο του, το Φρίξο.

Ο Αθάμας πικράθηκε πολύ και ράγισε η καρδιά του στο άκουσμα αυτών των λόγων. Έπεσε σε βαθιά συλλογή και στο τέλος πήρε με σπαραγμό την απόφαση να θυσιάσει το παιδί του για το καλό των κατοίκων του Ορχομενού.

Όλα ετοιμάστηκαν για τη θυσία. Ο ιερέας περίμενε στο βωμό και σε λίγο βγήκε από το παλάτι ο Αθάμας με τα δυο παιδιά του.

Η στιγμή ήταν τραγική... Βαθιά σιωπή βασίλευε ανάμεσα στον κόσμο που θα παρακολουθούσε τη θυσία. Και μόνο η Ινώ χαιρόταν, γιατί το πανούργο της σχέδιο πραγματοποιόταν.

Μα ξαφνικά μέσα από ένα σύννεφο ξεπρόβαλε ένα κριάρι, που το δέρμα του είχε χρυσά μαλλιά. Κατέβηκε μπροστά στα δυο τρομαγμένα αδέλφια. Ένα αόρατο χέρι τα έσπρωξε να καβαλικέψουν το χρυσόμαλλο κριάρι. Ήταν το χέρι της μητέρας τους, της Νεφέλης, που ήρθε να βοηθήσει τα δυο αγαπημένα της παιδιά.

Το χρυσόμαλλο κριάρι πέταξε ψηλά και σε λίγο χάθηκε στο βάθος του ουρανού και της θάλασσας.

—Έλλη, συμβούλεψε ο Φρίξος ως πιο μεγάλος την αδελφούλα του. Μην κοιτάζεις κάτω και ζαλιστείς.

Μα η Έλλη ξέχασε τη συμβουλή του. Σε μια στιγμή έσκυψε, είδε τη θάλασσα που απλωνόταν κάτω από τα πόδια τους, ζαλίστηκε και άφησε τα χρυσά μαλλιά του κριαριού. Σε λίγο η θάλασσα δέχτηκε το τρυφερό κορμί της και το σκέπασε για πάντα μέσα στα γαλανά νερά της. Η θάλασσα εκείνη ονομάστηκε αργότερα Ελλήσποντος, δηλαδή θάλασσα της Έλλης.

Ο Φρίξος συνέχισε μόνος το ταξίδι του κλαίγοντας πικρά για το χαμό της αδελφής του. Το χρυσόμαλλο κριάρι τον κατέβασε σε μια παραθαλάσσια πόλη, την Κολχίδα, όπου βασιλιάς της ήταν ο Αιήτης. Ο Φρίξος θυσίασε το κριάρι στο Δία και χάρισε το χρυσόμαλλο δέρμα στον Αιήτη. Εκείνος το κρέμασε σε μια βαλανιδιά και άφησε ένα μεγάλο και φοβερό δράκο να το φυλάει.

Ξαφνικά μέσα από τα σύννεφα ξεπρόβαλε ένα χρυσόμαλλο κριάρι...

Ο ΙΑΣΟΝΑΣ

Στην Ιωλκό, μια πόλη που βρισκόταν στη Θεσσαλία, βασιλιάς ήταν ο Αίσονας. Μια μέρα όμως ο αδελφός του ο Πελίας, που ήταν άνθρωπος πανούργος και κακός, του πήρε το θρόνο. Ο Αίσονας έφυγε μακριά από την Ιωλκό, για να μην τον σκοτώσει ο Πελίας και πήρε μαζί του και το μικρό του γιο, τον Ιάσονα.

Σε μια σπηλιά, στο Πήλιο, ένας σοφός Κένταυρος, ο Χείρωνας, δεχόταν τα παιδιά των βασιλιάδων, όπου και τους μάθαινε πολλά χρήσιμα πράγματα. Εκεί πήγε και το μικρό του γιο ο Αίσονας.

– Σε παρακαλώ, είπε στο Χείρωνα, μην πεις στο γιο μου ότι μου πήρε το θρόνο ο Πελίας, ώσπου να γίνει δεκαοχτώ χρονών.

Πέρασαν τα χρόνια, ο Ιάσονας σπούδασε κοντά στο Χείρωνα κι όταν έγινε πια παλικάρι δεκαοχτώ χρονών, ο δάσκαλός του τού είπε όλη την αλήθεια.

Ο Ιάσονας αποφάσισε τότε να πάει στην Ιωλκό και να λογαριστεί με τον Πελία. Στο δρόμο που πήγαινε, συνάντησε μια γριούλα, που καθόταν στην όχθη ενός ποταμού.

– Παλικάρι μου, του είπε η γριούλα, αν περάσεις απέναντι, βοήθησέ με να περάσω κι εγώ.

Ο Ιάσονας τη σήκωσε στα χέρια του και την πέρασε στην απέναντι όχθη. Καθώς περνούσε όμως το ποτάμι, το ορμητικό ρεύμα τού πήρε το ένα σαντάλι.

– Παλικάρι μου, σ' ευχαριστώ, του είπε η γριούλα. Θα σου πω μια ιστορία, που μπορεί να σ' ενδιαφέρει.

Αμέσως η γριούλα μεταμορφώθηκε σε μια πεντάμορφη γυναίκα. Ο Ιάσονας κατάλαβε αμέσως πως ήταν η θεά Ήρα. Άκουσε με προσοχή την ιστορία που του διηγήθηκε, που δεν ήταν άλλη από την ιστορία του Φρίξου και της Έλλης.

– Μόνο εσύ μπορείς να φέρεις πίσω το χρυσόμαλλο δέρμα, του είπε στο τέλος η Ήρα και έγινε άφαντη από μπροστά του.

Ο Ιάσονας συνέχισε το δρόμο του και δεν άργησε να φτάσει στην Ιωλκό. Μπήκε στο παλάτι του Πελία, μα οι φρουροί, έτσι όπως τον είδαν κακοντυμένο, θέλησαν να τον εμποδίσουν. Ο Ιάσονας τους έσπρωξε και σε λίγο βρέθηκε μπροστά στον Πελία. Εκείνος, μόλις τον είδε, φοβήθηκε. Η Πυθία του είχε πει να φοβάται έναν μονοσάνταλο, γιατί θα του έπαιρνε το θρόνο. Και να που ο μονοσάνταλος βρισκόταν τώρα μπροστά του.

– Είμαι ο Ιάσονας, ο γιός του Αίσονα κι ήρθα να πάρω το θρόνο του πατέρα μου! του είπε το παλικάρι

– Να σου δώσω ευχαρίστως το θρόνο, του απάντησε ο πονηρός ο Πελίας, αλλά πρέπει να αποδείξεις ότι είσαι άξιος να τον κρατήσεις. Πρέπει να κάνεις ένα κατόρθωμα, για να σ' αγαπήσει ο λαός σου.

– Και τι κατόρθωμα θέλεις να κάνω; τον ρώτησε ο Ιάσονας.

– Έχεις ακούσει την ιστορία για ένα χρυσόμαλλο δέρμα που βρίσκεται στην Κολχίδα; Αν, λοιπόν, μπορέσεις και μου το φέρεις, σου ορκίζομαι ότι θα σου παραδώσω το θρόνο, γιατί εγώ γέρασα πια και κουράστηκα.

Ο Ιάσονας θυμήθηκε τη συμβουλή που του έδωσε η Ήρα και είπε στο θείο του ότι θα πήγαινε στη μακρινή Κολχίδα, να του φέρει το χρυσόμαλλο δέρμα.

Ο Πελίας ησύχασε. Ήταν σίγουρος ότι ο Ιάσονας δεν επρόκειτο να γυρίσει από αυτό το ταξίδι κι έτσι δεν θα κινδύνευε ο θρόνος του.

Σήκωσε τη γριούλα και την πέρασε στην απέναντι όχθη.

Η ΑΡΓΟΝΑΥΤΙΚΗ ΕΚΣΤΡΑΤΕΙΑ

Ο Ιάσονας άρχισε τις προετοιμασίες του για την εκστρατεία στην Κολχίδα. Ζήτησε από τον Άργο, ένα μεγάλο ναυπηγό της εποχής εκείνης, να του φτιάξει ένα γερό καράβι. Ο Άργος του

Έπιασαν τα κουπιά, καθώς άνοιξαν οι βράχοι και άρχισαν να λάμνουν με δύναμη.

έφτιαξε το καράβι και το ονόμασε Αργώ. Έτσι, η εκστρατεία αυτή του Ιάσονα ονομάστηκε Αργοναυτική εκστρατεία.

Πήρε αρκετούς και ονομαστούς συντρόφους μαζί του ο Ιάσονας. Τον Ηρακλή, τον Πηλέα, το Θησέα, τον Ορφέα, τον Κάστορα και τον Πολυδεύκη και πολλούς άλλους γενναίους άνδρες. Φόρτωσαν με τρόφιμα το καράβι, έκαναν θυσίες στους θεούς και ξεκίνησαν για το μεγάλο και δύσκολο ταξίδι.

Ύστερα από μερικές μέρες έφτασαν στο νησί της Λέσβου, ανανέωσαν τις προμήθειές τους και συνέχισαν το ταξίδι τους. Όταν μπήκαν στον Ελλήσποντο, άραξαν σε μια ακρογιαλιά, όπου κατοικούσε ένας ονομαστός μάντης, ο Φινέας. Ήταν τυφλός, αλλά γνώριζε πολύ καλά τη μαντική τέχνη.

Ο Ιάσονας, που ήταν αρχηγός της εκστρατείας, τον ρώτησε αν θα κατόρθωναν να φθάσουν εύκολα στην Κολχίδα.

– Ένα μεγάλο εμπόδιο βρίσκεται στο δρόμο σας, του απάντησε ο τυφλός μάντης. Είναι οι Συμπληγάδες Πέτρες. Έτσι καθώς θα προχωρείτε, σ' ένα σημείο η θάλασσα στενεύει. Δεξιά και αριστερά στο στένωμα υπάρχουν δυο μεγάλοι βράχοι, που συνέχεια ανοιγοκλείνουν πολύ γρήγορα. Το καράβι σας θα κινδυνέψει να τσακιστεί ανάμεσά τους. Ακούστε τι θα κάνετε. Όταν φθάσετε μπροστά τους, θ' αφήσετε ελεύθερο ένα περιστέρι. Αν το περιστέρι καταφέρει να περάσει ανάμεσα στους βράχους, χωρίς να πάθει τίποτα, τότε να περάσετε κι εσείς. Αν το περιστέρι σκοτωθεί, τότε να γυρίσετε πίσω.

Προχώρησαν οι Αργοναύτες και δεν άργησαν να φτάσουν μπροστά στις Συμπληγάδες Πέτρες. Ήταν τρομερό το θέαμα που αντίκρυσαν. Οι δυο βράχοι έσμιγαν με τρομερό πάταγο κι έκαναν τη θάλασσα ανάμεσά τους να αφρίζει.

Ο Ιάσονας άφησε ελεύθερο το περιστέρι. Το είδαν να πετάει γοργά και να περνάει ανάμεσα από τους βράχους. Την τελευταία στιγμή οι βράχοι τού χτύπησαν την άκρη της ουράς του, μα το πουλί σώθηκε και πέταξε ψηλά προς τον ουρανό.

Οι γενναίοι Αργοναύτες έπιασαν τα κουπιά και καθώς οι βράχοι άνοιξαν, άρχισαν να λάμνουν με δύναμη. Η Αργώ γλίστρησε με μεγάλη ταχύτητα στη στενή λωρίδα της θάλασσας και τη στιγμή που έβγαινε από τους βράχους, χτυπήθηκε λίγο στην πρύμνη. Μα η ζημιά ήταν μικρή και η Αργώ συνέχισε το ταξίδι της στον Εύξεινο Πόντο.

Έφτασαν στην Κολχίδα οι Αργοναύτες, χωρίς να τους συμβεί τίποτε το δυσάρεστο. Ήταν μια πολύ πλούσια πολιτεία και βασιλιάς της ήταν ο ξακουστός Αιήτης. Ο Ιάσονας παρουσιάστηκε μπροστά του και του είπε:

– Είμαι ο Ιάσονας από την Ιωλκό, γιος του βασιλιά Αίσονα κι ήρθα ως εδώ να πάρω το χρυσόμαλλο δέρμα και να το πάω στην πατρίδα μου.

– Θα σου δώσω το χρυσόμαλλο δέρμα, του απάντησε ο Αιήτης, αν κάνεις προηγουμένως έναν άθλο. Να σπείρεις δόντια δράκοντα με δυο βόδια, που από τα ρουθούνια τους βγάζουν φωτιές.

Ο ΙΑΣΟΝΑΣ ΚΑΙ Η ΜΗΔΕΙΑ

Ο Ιάσονας δέχτηκε να σπείρει τα δόντια του δράκοντα με τα δυο άγρια βόδια που έβγαζαν φωτιά από τα ρουθούνια τους, μα τώρα καταλάβαινε ότι δεν ήταν καθόλου εύκολο πράγμα αυτό.

Πάνω στη βαθιά συλλογή του Ιάσονα ήρθε και τον βρήκε μια όμορφη κοπέλα. Ήταν η κόρη του Αιήτη και την έλεγαν Μήδεια.

– Ο πατέρας μου σού είπε να κάνεις αυτόν τον άθλο, για να πεθάνεις, του είπε. Θα σε κάψουν τα βόδια με τις φωτιές που βγάζουν από τα ρουθούνια τους, αλλά κι αν ακόμα καταφέρεις να γλιτώσεις από αυτά, οι δράκοντες που θα φυτρώσουν από τα δόντια που θα σπείρεις, θα σε κατασπαράξουν. Όμως μη φοβάσαι. Εγώ θα σε βοηθήσω, αρκεί να μου υποσχεθείς πως θα με παντρευτείς και θα με πάρεις μαζί σου.

– Σου το υπόσχομαι! της είπε ο Ιάσονας, που του άρεσε πολύ η Μήδεια.

– Θ' αλείψεις το σώμα σου μ' αυτό το υγρό, του είπε τότε η κόρη του βασιλιά Αιήτη κι έτσι δεν θα σε κάψει η φλογερή ανάσα των βοδιών.

– Και με τους δράκοντες που θα φυτρώσουν τι θα κάνω; βιάστηκε να τη ρωτήσει ο Ιάσονας.

– Κάτι πολύ εύκολο. Θα πετάξεις μια πέτρα ανάμεσά τους, χωρίς να σε δουν κι εκείνοι θα αρχίσουν να τσακώνονται μεταξύ τους και θα σκοτωθούν όλοι.

Έτσι κι έγινε. Ο Ιάσονας άλειψε το σώμα του με το θαυματουργό υγρό της Μήδειας κι έζεψε χωρίς φόβο τα βόδια, γιατί δεν τον έκαιγαν οι φλόγες τους. Κι όταν φύτρωσαν οι δράκοι, πέταξε κρυφά μια πέτρα ανάμεσά τους κι εκείνοι άρχισαν τότε έναν άγριο καβγά και σκοτώθηκαν όλοι. Έτρεξε τότε χαρούμενος στο παλάτι του Αιήτη και του ζήτησε το χρυσόμαλλο δέρμα.

– Αύριο θα σου το δώσω, του υποσχέθηκε εκείνος.

Είχε σκοπό όμως να κάψει την Αργώ και να σκοτώσει τους Έλληνες. Η Μήδεια, που το πήρε είδηση, έτρεξε αμέσως να βρει τον Ιάσονα.

– Οι σύντροφοί σου να ετοιμάσουν την Αργώ, του είπε. Εμείς πάμε να πάρουμε το δέρμα. Δεν πρέπει ν' αργήσουμε, γιατί ο πατέρας μου σκοπεύει να καταστρέψει απόψε το καράβι σας και να σας σκοτώσει όλους.

Σε λίγο έφθασαν στη μεγάλη βαλανιδιά που κρεμόταν το χρυσόμαλλο δέρμα. Η Μήδεια είπε μερικά μαγικά λόγια στο φοβερό δράκο που το φύλαγε κι εκείνος έπεσε σε βαθύ ύπνο. Άρπαξε το δέρμα ο Ιάσονας κι έτρεξαν στη θάλασσα. Η Αργώ τους περίμενε και σάλπαρε αμέσως. Τραβούσαν γρήγορα τα κουπιά ν' απομακρυνθούν όσο γινόταν πιο πολύ από την Κολχίδα.

Ο Αιήτης τους πήρε είδηση και τους κυνήγησε μ' ένα καράβι, αλλά δεν τους πρόφτασε. Κι όταν κατάφεραν να περάσουν τις Συμπληγάδες, η σωτηρία τους ήταν σίγουρη. Η Αργοναυτική εκστρατεία είχε πετύχει! Το χρυσόμαλλο δέρμα βρισκόταν στα χέρια του Ιάσονα, χάρη στη βοήθεια που του πρόσφερε η Μήδεια.

Πάνω στη βαθιά συλλογή του Ιάσονα,
ήρθε και τον βρήκε η Μήδεια,
η όμορφη κόρη του βασιλιά Αιήτη.

ΤΟ ΤΕΛΟΣ ΤΟΥ ΙΑΣΟΝΑ

Όμως δεν ήταν εύκολο το ταξίδι του γυρισμού της Αργώς. Ύστερα από πολλές περιπέτειες ο Ιάσονας και η Μήδεια έφθασαν στην Κέρκυρα, όπου παντρεύτηκαν. Εκεί έφθασε λίγο αργότερα κι ένα καράβι του Αιήτη, που το έβαλε πείσμα να πάρει τη Μήδεια από τον Ιάσονα. Όμως ο βασιλιάς της Κέρκυρας, που φιλοξενούσε το ζευγάρι, τους είπε ότι η Μήδεια τώρα που παντρεύτηκε ανήκε στον άντρα της και όχι στον πατέρα της. Έτσι, κατάφερε να τους διώξει.

Μετά την Κέρκυρα ο Ιάσονας και η Μήδεια έφθασαν στην Ιωλκό. Ο Ιάσονας έδωσε στον Πελία το χρυσόμαλλο δέρμα, όμως εκείνος δεν είχε σκοπό να φύγει από το θρόνο.

—Τι θα κάνουμε τώρα; ρώτησε η Μήδεια τον άντρα της. Ο θρόνος της Ιωλκού σου ανήκει και ο θείος σου δεν κράτησε το λόγο που σου έδωσε!

Μόνο ένας τρόπος υπήρχε. Να σκοτώσει ο Ιάσονας τον Πελία. Αλλά, μόλο που το δίκιο ήταν με το μέρος του, δεν μπορούσε να κάνει τέτοιο πράγμα. Προτίμησε να κάνει υπομονή και να περιμένει. Ο Πελίας ήταν γέρος και δε θ' αργούσε να πεθάνει. Μετά το θάνατό του θα του έπαιρνε οπωσδήποτε το θρόνο.

Η Μήδεια αποφάσισε τότε να τον εκδικηθεί. Με τις μαγείες που γνώριζε, είπε στις κόρες του Πελία να δώσουν στον πατέρα τους ένα φάρμακο, για να ξανανιώσει τάχα. Όμως το υγρό αυτό ήταν δηλητήριο κι έτσι ο Πελίας, που το ήπιε, πέθανε.

Οι κάτοικοι της Ιωλκού θύμωσαν πολύ με αυτό που έκανε η Μήδεια και σίγουρα θα τη σκότωναν, αν ο Ιάσονας δεν έφευγε κρυφά μαζί της. Πήγαν στη μακρινή Κόρινθο κι εκεί ο Ιάσονας πρόσφερε την Αργώ στο ναό του Ποσειδώνα.

Δέκα χρόνια έμειναν στην Κόρινθο. Λένε τάχα πως ο Ιάσονας αποφάσισε να παντρευτεί την κόρη του βασιλιά της Κορίνθου και η Μήδεια πάνω στην τρέλα της σκότωσε τα παιδιά τους. Άλλοι λένε πως η Μήδεια έφυγε από την Κόρινθο, πήγε στην Αθήνα και παντρεύτηκε τον Αιγέα, τον πατέρα του Θησέα. Η αλήθεια είναι ότι ο Ιάσονας με τη Μήδεια χώρισαν. Ο Ιάσονας γύρισε στην Ιωλκό και πήρε επιτέλους το θρόνο από έναν ανηψιό του Πελία. Το θρόνο που του ανήκε.

Βασίλεψε αρκετά χρόνια. Όταν γέρασε, αποφάσισε να πάει στην Κόρινθο, για να δει για τελευταία φορά το μυθικό του καράβι, την Αργώ. Δεν ξεχνούσε τη μεγάλη περιπέτεια που πέρασε στην εκστρατεία του για την Ιωλκό. Δεν ξεχνούσε τους αγαπημένους του φίλους, που τον βοήθησαν να φθάσει ως την Κολχίδα. Μα δεν ξεχνούσε πιο πολύ την όμορφη κόρη του βασιλιά Αιήτη, που τον βοήθησε να πάρει το χρυσόμαλλο δέρμα.

Έφθασε στην Κόρινθο ο γερο Ιάσονας και ο βασιλιάς της τον δέχτηκε με μεγάλες τιμές. Αφού ξεκουράστηκε, ξεκίνησε για το ναό του Ποσειδώνα.

Με βαθιά συγκίνηση είδε την Αργώ του. Άπλωσε το χέρι του και χάιδεψε το παλιό της σκαρί... Πόσα και πόσα δεν του θύμιζε αυτό το καράβι... Άκουγε στα γέρικα αυτιά του το βουητό της θάλασσας, τις κραυγές των γλάρων... Έβλεπε μπροστά του τις φοβερές Συμπληγάδες Πέτρες ν' ανοιγοκλείνουν...

Τα μάτια του βούρκωσαν... Χάιδευε συνέχεια την αγαπημένη του Αργώ, λες και χάιδευε ένα ζωντανό πλάσμα...

Δεν επρόκειτο να την ξαναδεί, γιατί ήταν γέρος πια και θα πέθαινε...

Ξαφνικά το μεγάλο κατάρτι της Αργώς έσπασε κι έπεσε με δύναμη πάνω στον Ιάσονα...

Ο μεγάλος θαλασσοπόρος έπεσε νεκρός... Ίσως αυτή να ήταν η ευχή του. Να πεθάνει δίπλα στην Αργώ...

Ξαφνικά το μεγάλο κατάρτι της Αργώς έσπασε κι έπεσε πάνω στο κεφάλι του Ιάσονα.

Η ΑΝΤΙΓΟΝΗ

Στην ιστορική πόλη της Θήβας βασίλευε κάποτε ο Ετεοκλής. Ο αδελφός του όμως ο Πολυνείκης θέλησε να του πάρει το θρόνο και ζήτησε βοήθεια από το βασιλιά του Άργους, τον Άδραστο. Ο Άδραστος τον πάντρεψε με την κόρη του και του έδωσε αρκετό στρατό, να εκστρατεύσει εναντίον της Θήβας.

Οι Θηβαίοι πολέμησαν γενναία και νίκησαν το στρατό του Άργους. Σε μια στιγμή ο Ετεοκλής, καθώς είχε βγει από τα τείχη και κυνηγούσε τους εχθρούς του, βρέθηκε μπροστά στον αδελφό του. Τα δυο αδέλφια κοιτάχτηκαν με μίσος και τράβηξαν την ίδια στιγμή τα σπαθιά τους. Τα κατέβασαν με δύναμη κι έπεσαν και οι δυο νεκροί!

Βασιλιάς στη Θήβα έγινε τώρα ο θείος των δύο αδελφών, ο Κρέοντας. Έδωσε τότε διαταγή να ταφεί ο Ετεοκλής με όλες τις τιμές και ο Πολυνείκης, που είχε προδώσει τη Θήβα, να μείνει άταφος, για να τον κατασπαράξουν οι σκύλοι. Όποιος τολμούσε να θάψει τον Πολυνείκη, θα τον τιμωρούσαν παραδειγματικά, θάβοντάς τον ζωντανό.

Οι δυο αδελφές των άτυχων παλικαριών, η Αντιγόνη και η Ισμήνη, έθαψαν τον Ετεοκλή, μα δεν τόλμησαν ούτε ν' αγγίξουν τον Πολυνείκη. Όμως, η Αντιγόνη δεν μπορούσε να ησυχάσει στη σκέψη ότι ο άλλος αδελφός της θα έμενε άταφος έξω από τα τείχη και θα γινόταν τροφή των σκύλων. Έτσι, όταν νύχτωσε, αψηφώ-

ντας τη φοβερή διαταγή του Κρέοντα, βγήκε κρυφά από την πόλη, πήρε το κουφάρι του αδελφού της και το έθαψε... Όμως κάποιο μάτι την είδε και το μαρτύρησε στον Κρέοντα...

Ο Κρέοντας που ήταν δίκαιος αλλά πολύ αυστηρός και σκληρός, έδωσε διαταγή να συλλάβουν την Αντιγόνη και να την οδηγήσουν μπροστά του και μπροστά στο συμβούλιο των γερόντων, που θα τη δίκαζε.

– Γιατί παράκουσες τη διαταγή μου κι έθαψες τον Πολυνείκη, που πρόδωσε τη Θήβα; τη ρώτησε ο Κρέοντας.

– Δεν υπάκουσα στη διαταγή του βασιλιά μου, του απάντησε με θάρρος η Αντιγόνη, αλλά υπάκουσα στη διαταγή της καρδιάς μου. Ο Πολυνείκης ήταν αδελφός μου, όπως και ο Ετεοκλής κι είχα καθήκον να τον θάψω.

Ο Κρέοντας, μόλο που η Αντιγόνη ήταν αρραβωνιαστικιά του γιου του, τού Αίμονα, δεν τη λυπήθηκε. Μαζί με το συμβούλιο των γερόντων την καταδίκασαν σε θάνατο. Έτσι, σε λίγο την έκλεισαν ζωντανή σ' έναν τάφο.

– Κρέοντα, του είπε λίγο αργότερα ο τυφλός μάντης Τειρεσίας, αυτό που έκανες δεν ήταν σωστό. Οι θεοί θα σε τιμωρήσουν και θα το πληρώσεις με δάκρυα και με αίμα. Δεν έπρεπε να φερθείς με τόση σκληρότητα απέναντι σε ένα δυστυχισμένο κορίτσι, που άκουσε την προσταγή της καρδιάς της.

Τα λόγια του Τειρεσία τάραξαν βαθιά τον Κρέοντα. Κατάλαβε το λάθος του και θέλησε να το διορθώσει. Έτρεξε ν' ανοίξει τον τάφο της Αντιγόνης και να την ελευθερώσει. Μα ήταν πολύ αργά. Γιατί η Αντιγόνη είχε δώσει η ίδια τέλος στη ζωή της.

Μα η τραγωδία δε σταμάτησε εδώ. Όταν ο Αίμονας, ο γιος του Κρέοντα, έμαθε την τραγική μοίρα της Αντιγόνης, τράβηξε το σπαθί του και σκοτώθηκε μπροστά στον πατέρα του. Και η μητέρα του, που δεν άντεξε το χαμό του γιου της, τον ακολούθησε κι αυτή στον τάφο...

Ο Κρέοντας τιμωρήθηκε πολύ σκληρά από τους θεούς για τη μεγάλη αδικία που έκανε στην Αντιγόνη...

Η Αντιγόνη, όταν νύχτωσε, βγήκε κρυφά αψηφώντας τη διαταγή του Κρέοντα.

ΤΟ ΟΝΕΙΡΟ ΤΗΣ ΕΚΑΒΗΣ

Βασιλιάς της Τροίας — που ήταν μια πλούσια πόλη στα παράλια της Μικράς Ασίας — ήταν ο Πρίαμος και τη γυναίκα του την έλεγαν Εκάβη. Το πρώτο τους παιδί το ονόμασαν Έκτορα. Όταν γεννήθηκε το δεύτερο παιδί, που ήταν κι αυτό αγόρι, η Εκάβη είδε ένα άσχημο όνειρο. Πως τάχα η Τροία άρπαξε φωτιά και καιγόταν από άκρη σ' άκρη.

Ο Πρίαμος ανήσυχος ρώτησε το μαντείο, για να του εξηγήσει το όνειρο. Και το μαντείο

Μια αρκούδα πλησίασε το μωρό, αλλά αντί να το πειράξει, το πήρε στη φωλιά της.

του είπε ότι το δεύτερο παιδί του θα γινόταν η αιτία να καταστραφεί η Τροία. Τρόμαξε ο Πρίαμος και για να σώσει την πατρίδα του, αποφάσισε να θυσιάσει το παιδί του. Το έδωσε σ' ένα βοσκό να το σκοτώσει. Μα εκείνος το λυπήθηκε και το άφησε στο δάσος.

Μια αρκούδα πλησίασε το μικρό και... αντί να το φάει, το πήρε στη φωλιά της και το μεγάλωσε μαζί με τ' αρκουδάκια της. Ένας βοσκός το βρήκε αργότερα να περιπλανιέται στο δάσος, το πήρε μαζί του και το ονόμασε Πάρη. Ο Πάρης ήταν πολύ δυνατός και όμορφος. Μια μέρα παρουσιάστηκαν μπροστά του τρεις θεές του Ολύμπου, η Ήρα, η Αθηνά και η Αφροδίτη, του έδωσαν ένα χρυσό μήλο και του ζήτησαν να το προσφέρει στην πιο όμορφη από τις τρεις τους.

—Αν το προσφέρεις σ' εμένα, θα σε κάνω βασιλιά της Ασίας, του είπε η Ήρα.

—Κι εγώ θα σε κάνω τον πιο σοφό άνθρωπο, του είπε η Αθηνά.

—Εγώ θα σου δώσω την πιο όμορφη γυναίκα του κόσμου, του έταξε η Αφροδίτη.

Ο Πάρης βρέθηκε σε δύσκολη θέση. Κοίταξε και τις τρεις θεές. Η μια ήταν πιο όμορφη από την άλλη. Σε ποια να πρόσφερε το χρυσό μήλο;

Σκέφτηκε τα δώρα που θα του πρόσφερε η κάθε μια. Το δώρο της Ήρας δεν ήταν μικρό... Να γίνει βασιλιάς της Ασίας... Ένας δυνατός και πλούσιος βασιλιάς... Κι αν γινόταν ο πιο σοφός και σεβαστός άνθρωπος του κόσμου; Αλλά και το δώρο της Αφροδίτης ήταν όμορφο...

Έτσι, ύστερα από λίγο ο Πάρης πήρε την απόφασή του κι έδωσε το χρυσό μήλο στην Αφροδίτη. Οι άλλες δυο θεές θύμωσαν κι ορκίστηκαν να τον εκδικηθούν.

Μια μέρα ο Πάρης πήρε μέρος σ' έναν αγώνα του παλατιού, νίκησε τα παιδιά του Πρίαμου και τα βασιλόπουλα όρμησαν να τον σκοτώσουν. Τότε η κόρη του Πρίαμου, η Κασσάνδρα, που είχε μαντικές ικανότητες, φώναξε στον πατέρα της:

—Μην τους αφήσεις να τον σκοτώσουν! Είναι ο δεύτερος γιος σου, που κατάφερε να ζήσει!

Ο Πρίαμος συγκινήθηκε πολύ βλέποντας ύστερα από τόσα χρόνια το γιο του, που τον νόμιζε νεκρό, ξέχασε την προφητεία του μαντείου και τον πήρε στο παλάτι.

Λίγα χρόνια αργότερα ο Πάρης ταξίδεψε στην Ελλάδα, έφτασε στη Σπάρτη και τον φιλοξένησε ο Μενέλαος στο παλάτι του. Την άλλη μέρα ο Μενέλαος έφυγε βιαστικά για την Κρήτη και ο Πάρης, που ξετρελάθηκε από την ομορφιά της γυναίκας του, της Ελένης, αποφάσισε να την κλέψει και να την οδηγήσει στην Τροία μαζί με τους θησαυρούς του παλατιού.

Η θεά Αφροδίτη κράτησε την υπόσχεσή της και του πρόσφερε την ωραιότερη γυναίκα της γης. Όμως αυτό που έκανε ο Πάρης το πλήρωσε ακριβά μερικά χρόνια αργότερα η Τροία, που καταστράφηκε από τους Έλληνες. Το όνειρο της Εκάβης βγήκε αληθινό...

Η ΜΕΓΑΛΗ ΕΚΣΤΡΑΤΕΙΑ

Όταν γύρισε ο Μενέλαος από την Κρήτη και έμαθε τη μεγάλη προσβολή που του έκανε το βασιλόπουλο της Τροίας, έτρεξε αμέσως να βρει τον αδελφό του, τον Αγαμέμνονα, που ήταν βασιλιάς των Μυκηνών, του πιο δυνατού και πλούσιου βασίλειου την εποχή εκείνη στην Ελλάδα.

– Ο γιος του βασιλιά της Τροίας έκλεψε τη γυναίκα μου και τους θησαυρούς του παλατιού μου! του είπε. Πες μου τι πρέπει να κάνουμε, για να πάρουμε πίσω την Ελένη;

– Πρέπει να τιμωρηθούν οι Τρώες για την προσβολή που μας έκαναν! φώναξε ο Αγαμέμνονας με οργή στον αδελφό του. Πρέπει να σβήσουμε από το πρόσωπο της γης την Τροία.

Έστειλε αμέσως αγγελιαφόρους σ' όλους τους μεγάλους βασιλιάδες της Ελλάδας και τους ζήτησε βοήθεια, για να εκστρατεύσουν εναντίον της Τροίας. Όλοι οι Έλληνες δέχτηκαν πρόθυμα να βοηθήσουν και λίγο καιρό αργότερα συγκεντρώθηκαν στο λιμάνι της Βοιωτίας, την Αυλίδα, χίλια διακόσια πλοία και εκατό χιλιάδες ανδρείοι πολεμιστές. Εκτός από τον Αγαμέμνονα και το Μενέλαο ήρθαν πολλοί ξακουστοί βασιλιάδες. Ο βασιλιάς των Μυρμιδόνων, Αχιλλέας, που ήταν γιος του Πηλέα και της θεάς της θάλασσας, Θέτιδας, ο βασιλιάς της Ιθάκης, Οδυσσέας, ο βασιλιάς της Σαλάμινας, Αίαντας, ο βασιλιάς της Πύλου, Νέστορας, της Κρήτης, ο Ιδομενέας, του Άργους, ο Διομήδης και άλλοι πολλοί.

Συγκεντρώθηκαν όλοι οι βασιλιάδες, διάλεξαν για αρχηγό της εκστρατείας τον Αγαμέμνονα και ορκίστηκαν να μη γυρίσουν πίσω στην Ελλάδα, αν δεν καταστρέψουν την Τροία και δεν πάρουν την ωραία Ελένη.

Μα, όσο περνούσαν οι ώρες, ο Αγαμέμνονας άρχισε ν' αλλάζει γνώμη.

Έκαναν πολλές θυσίες στους θεούς, μα δεν μπορούσαν να ξεκινήσουν, γιατί δε φυσούσε καθόλου άνεμος να φουσκώσει τα πανιά. Οι μέρες περνούσαν και οι αρχηγοί του μεγάλου αυτού στρατού άρχισαν ν' ανησυχούν. Κάλεσαν τότε το μάντη Κάλχα, που είχαν μαζί τους, να τους πει τι συμβαίνει. Και ο Κάλχας τους είπε την αιτία:

– Δοξασμένοι βασιλιάδες, είναι θυμωμένη η θεά Άρτεμη μαζί σας κι έχει προστάξει το θεό των ανέμων, Αίολο, να κλείσει τους ανέμους, για να μην ξεκινήσετε. Είναι θυμωμένη με το βασιλιά Αγαμέμνονα, γιατί της σκότωσε το ιερό της ελάφι. Κι αν θέλετε να καλοπιάσετε τη θεά, ένας μόνο τρόπος υπάρχει. Να θυσιάσετε στο βωμό της την κόρη του βασιλιά των Μυκηνών. Διαφορετικά δεν πρόκειται να φύγετε για την Τροία.

Ο Αγαμέμνονας τα έχασε στην αρχή ακούγοντας το μάντη. Έπειτα άρχισε να φωνάζει και να κλαίει, λέγοντας σε όλους ότι δεν είχε σκοπό να θυσιάσει την κόρη του, την Ιφιγένεια. Μα, όσο περνούσαν οι ώρες κι έβλεπε τον πελώριο στόλο των Ελλήνων ακίνητο στη θάλασσα, άρχισε ν' αλλάζει γνώμη. Και στο τέλος πήρε την απόφαση, μόλο που η πατρική του καρδιά σπάραζε από πόνο. Θα θυσίαζε την κόρη του για το καλό των Ελλήνων.

Όμως πώς θα έφερνε την Ιφιγένεια ως εδώ; Θα δεχόταν ποτέ η γυναίκα του, η Κλυταιμνήστρα, να φέρει την τρυφερή κι αγαπημένη τους κόρη, να θυσιαστεί στο βωμό της Άρτεμης; Όχι, καμιά μητέρα στον κόσμο δεν στέλνει το παιδί της στο θάνατο.

Σκέφτηκε μια πονηριά ο Αγαμέμνονας, για να την καταφέρει. Έστειλε έναν αγγελιαφόρο του να πει στην Κλυταιμνήστρα να φέρει την Ιφιγένεια στην Αυλίδα, για να την παντρέψουν, πριν φύγουν για την Τροία, με το βασιλιά των Μυρμιδόνων, το μυθικό Αχιλλέα.

Όταν το έμαθε ο Αχιλλέας θύμωσε πολύ, μα τώρα πια δεν μπορούσε να γίνει τίποτε. Ο αγγελιαφόρος είχε ξεκινήσει για τις Μυκήνες. Περίμεναν τώρα οι Έλληνες τον ερχομό της Κλυταιμνήστρας και της μικρής και πεντάμορφης Ιφιγένειας...

Η ΘΥΣΙΑ ΤΗΣ ΙΦΙΓΕΝΕΙΑΣ

Πέρασαν πολλές μέρες... Μάταια περίμεναν οι Έλληνες συγκεντρωμένοι στην Αυλίδα μήπως φυσήξει ο άνεμος και φουσκώσει τα πανιά των πλοίων τους. Η Άρτεμη ήταν για τα καλά θυμωμένη...

Και να που ένα πρωί έφθασε στην Αυλίδα το βασιλικό αμάξι από τις Μυκήνες, που έφερνε την Κλυταιμνήστρα και την Ιφιγένεια. Κατέβηκε πρώτη με χαρά η Κλυταιμνήστρα και αγκάλιασε τον άντρα της. Ήταν ενθουσιασμένη στη σκέψη ότι η κόρη της θα παντρευόταν τον ξακουστό βασιλιά των Μυρμιδόνων, τον Αχιλλέα, που έλεγαν πως ήταν ο πιο δυνατός και ο πιο όμορφος βασιλιάς της Ελλάδας.

Ο Αγαμέμνονας δέχτηκε στην αγκαλιά του την Ιφιγένεια και δεν μπόρεσε να κρύψει το σπαραγμό του. Καυτά δάκρυα άρχισαν να κυλούν στα μάγουλά του.

– Τι έχεις και κλαίς; τον ρώτησε τότε η Κλυταιμνήστρα. Γιατί μας υποδέχτηκες με πρόσωπο σκοτεινό και αγέλαστα χείλη; Έντυσα νυφούλα την Ιφιγένεια, πού είναι ο Αχιλλέας να την υποδεχτεί;

– Γυναίκα, της είπε τότε ο Αγαμέμνονας, δε θα πάρει την κόρη μας ο βασιλιάς των Μυρμιδόνων αλλά η θεά Άρτεμη.

Και της είπε το φοβερό νέο...

Η Κλυταιμνήστρα έπεσε τότε μπροστά στα πόδια του, άρχισε να κλαίει με σπαραγμό και να τον παρακαλεί ν' αλλάξει γνώμη και να μη σκοτώσει τη μικρή κι αγαπημένη της κόρη.

– Νομίζεις ότι εγώ δεν αγαπώ την Ιφιγένεια; της είπε κλαίγοντας και ο Αγαμέμνονας. Όμως είμαι αρχηγός όλων των Ελλήνων, δώσαμε έναν όρκο, ετοιμαστήκαμε για μια μεγάλη εκστρατεία και δεν μπορούμε τώρα πια να γυρίσουμε

Η θεά Άρτεμη κατέβηκε μέσα σ' ένα χρυσό σύννεφο, πήρε την Ιφιγένεια κι άφησε στη θέση της ένα ελάφι.

πίσω. Αφού η θεά Άρτεμη έχει θυμώσει μ' εμένα, αφού εγώ είμαι ο φταίχτης, εγώ πρέπει και να πληρώσω.

Μάταια σπάραζε μπροστά στα πόδια του και τον παρακαλούσε η δυστυχισμένη μητέρα. Ο Αγαμέμνονας είχε πάρει την απόφασή του. Σε μια στιγμή η Ιφιγένεια, που παρακολουθούσε ωχρή και αμίλητη αυτήν τη σκηνή, προχώρησε ένα βήμα, έπιασε τη μητέρα της από το χέρι και τη σήκωσε.

– Πάψε να κλαις και να χτυπιέσαι, μητέρα, της είπε. Νιώθω το φοβερό σου πόνο. Χάνεις τη λατρευτή σου κόρη και σπαράζει η καρδιά σου. Όμως εγώ πήρα την απόφαση να θυσιαστώ στο βωμό της θεάς για χάρη των Ελλήνων. Είναι πολύ μικρή η θυσία μιας κόρης, όταν πρόκειται να ωφελήσει την πατρίδα της.

Και γυρίζοντας προς τον Αγαμέμνονα, του είπε:

– Πατέρα, είμαι έτοιμη για τη θυσία. Πάψε να κλαις κι εσύ και οδήγησέ με στο βωμό.

– Ας είναι καταραμένος ο Αγαμέμνονας, που με ξεγέλασε! ξεφώνησε τότε η Κλυταιμνήστρα. Ας είναι καταραμένοι όλοι οι Έλληνες κι ας πληρώσουν με αίμα και δάκρυα αυτήν την εκστρατεία!

Ο Αγαμέμνονας έσφιξε την καρδιά του και οδήγησε την Ιφιγένεια ως το βωμό. Εκεί την αγκάλιασε για τελευταία φορά, τη φίλησε και την παρέδωσε στο μάντη Κάλχα.

Όλοι οι Έλληνες παρακολουθούσαν βουβοί και με καρδιά που σπάραζε από τον πόνο, αυτήν την τραγική σκηνή.

Ο Κάλχας, που κρατούσε ένα κοφτερό σπαθί, ακούμπησε το κεφάλι της μικρής Ιφιγένειας στο βωμό. Σήκωσε το σπαθί και τότε... έγινε το θαύμα. Η θεά Άρτεμη κατέβηκε μέσα σ' ένα χρυσό σύννεφο, άρπαξε την Ιφιγένεια και στη θέση της άφησε ένα ελάφι. Έτσι, το σπαθί του Κάλχα, καθώς κατέβηκε, έκοψε το λαιμό του ελαφιού. Την Ιφιγένεια η θεά την πήρε μαζί της.

Αμέσως ο άνεμος φύσηξε και τα πανιά των πλοίων φούσκωσαν. Σε λίγο ο μεγάλος αυτός στόλος ξεκινούσε για την Τροία...

Ο ΘΑΝΑΤΟΣ ΤΟΥ ΑΧΙΛΛΕΑ

Όπως διαβάσαμε στην Ιλιάδα, δέκα χρόνια κράτησε η πολιορκία της Τροίας, έγιναν πολλές άγριες μάχες και πολλοί ήρωες από τους Έλληνες και τους Τρώες έχασαν τη ζωή τους. Ανάμεσα σ' αυτούς ήταν και ο Έκτορας, ο γιος του βασιλιά της Τροίας, του Πρίαμου. Τον σκότωσε ο Αχιλλέας, ο μυθικός βασιλιάς των Μυρμιδόνων της Θεσσαλίας. Οι Τρώες, που έχασαν το γενναίο τους παλικάρι, έμεναν κλεισμένοι στα τείχη τους και δεν τολμούσαν να ξεμυτίσουν.

Ο Αχιλλέας ερχόταν κοντά στα τείχη, κορόιδευε τους Τρώες και τους προκαλούσε να βγουν και να πολεμήσουν. Εκείνοι του έστελναν βροχή τα βέλη, μα δεν μπορούσαν να του κάνουν κακό. Η Θέτιδα, η μητέρα του Αχιλλέα, όταν γεννήθηκε ο γιος της θέλησε να τον κάνει αθάνατο, όπως ήταν κι εκείνη. Άναψε μια φωτιά, έπιασε τον Αχιλλέα από το πόδι και τον έβαλε πάνω στις φλόγες. Έτσι, τον έκανε αθάνατο, γιατί ούτε σαΐτα ούτε σπαθί ούτε κοντάρι μπορούσε να του κάνει κακό.

Όμως ο θεός Απόλλωνας, που ήταν με το μέρος των Τρώων, παρουσιάστηκε μια μέρα στον Πάρη και του είπε ένα μυστικό.

– Άδικα πασχίζετε να σκοτώσετε τον Αχιλλέα, του είπε. Δεν τον πληγώνουν τα βέλη σας. Μα εγώ θα σου πω κάτι που το ξέρουν μόνο οι θεοί. Η Θέτιδα, όταν τον έβαλε πάνω στις φλό-

Το βέλος του Πάρη χτύπησε το θρυλικό βασιλιά των Μυρμιδόνων στη φτέρνα.

γες, τον κρατούσε από τη φτέρνα. Εκεί, λοιπόν, που ήταν το χέρι της, δεν τον άγγιξαν οι φλόγες και αν τον χτυπήσει ένα βέλος, θα τον σκοτώσει.

Ο Πάρης γεμάτος χαρά παραφύλαξε μια μέρα και καθώς ο Αχιλλέας του γύρισε σε μια στιγμή την πλάτη, από τα τείχη ψηλά του έστειλε ένα βέλος και τον χτύπησε στο αδύνατο σημείο του, τη φτέρνα!

Βόγκηξε από τον πόνο ο ήρωας των Ελλήνων, γονάτισε και σε λίγο έπεσε νεκρός πάνω στη γη.

– Σκότωσα τον Αχιλλέα! ξεφώνισε τότε γεμάτος χαρά ο Πάρης.

Μα δε χάρηκε τη μεγάλη του νίκη, γιατί έτσι όπως φώναζε, ένας από τους Έλληνες, ο Φιλοκτήτης, του κάρφωσε ένα βέλος στο στήθος και τον σκότωσε.

Ο Φιλοκτήτης πήρε μια μεγάλη εκδίκηση, που την περίμεναν οι Έλληνες δέκα ολόκληρα χρόνια. Σκότωσε το βασιλόπουλο της Τροίας που πρόσβαλε την πατρίδα τους κι έγινε η αιτία να ξεσπάσει αυτός ο φρικτός πόλεμος, που στοίχισε τόσους νεκρούς, τόσα δάκρυα και τόσες συμφορές στο στρατό τους.

Ένας απελπισμένος θρήνος ξέσπασε στο στρατό των Ελλήνων, όταν είδαν τον ημίθεο Αχιλλέα να πέφτει νεκρός. Οι Τρώες άνοιξαν τις πύλες και όρμησαν να τον πάρουν, μα ο Αίαντας, αφού σκότωσε αρκετούς από αυτούς, τον άρπαξε και τον έφερε στα καράβια.

Δεν περιγράφεται ο σπαραγμός των Ελλήνων για το θάνατο του βασιλιά των Μυρμιδόνων. Αφού έπλυναν το κορμί του και το άλειψαν με λάδι και αρώματα, άρχισαν να τον θρηνούν. Άκουσε και η θεά Θέτιδα το θρήνο, μέσα στη θάλασσα που κατοικούσε, βγήκε να δει τι συμβαίνει κι έπεσε κι αυτή με σπαραγμό πάνω στο νεκρό γιο της. Μαζί της βγήκαν και πολλές νεράιδες της θάλασσας κι ένωσαν τα δάκρυά τους με τα δάκρυα της Θέτιδας και όλων των Ελλήνων.

Δεκαεφτά ολόκληρες μέρες κράτησε αυτός ο θρήνος. Τη δέκατη όγδοη ημέρα άναψαν φωτιά και έκαψαν τον ήρωά τους. Τη στάχτη του την έβαλαν στην ίδια χρυσή λάρνακα που είχαν βάλει και τη στάχτη του φίλου του, τού Πάτροκλου, για να βρίσκονται μαζί και στην άλλη ζωή. Έπειτα έχτισαν ένα μεγάλο τάφο πλάι στον τάφο του Πάτροκλου.

Ύστερα από αιώνες, ένας άλλος μυθικός ήρωας των Ελλήνων, ο Μέγας Αλέξανδρος, όταν πέρασε από την καμμένη Τροία, προσκύνησε τον τάφο του Αχιλλέα...

Ο ΔΟΥΡΕΙΟΣ ΙΠΠΟΣ

Μετά το θάνατο του Αχιλλέα οι Έλληνες απελπίστηκαν. Θα μπορούσαν τώρα να νικήσουν τους Τρώες; Αλλά κι αν τους νικούσαν, πότε θα γινόταν αυτό; Έλειπαν δέκα ολόκληρα χρόνια από την πατρίδα τους, είχαν βαρεθεί τον πόλεμο και δεν είχαν το κουράγιο να τον συνεχίσουν. Είχαν ορκιστεί, βέβαια, να μη φύγουν, αν δεν πάρουν μαζί τους την Ελένη και δεν τιμωρήσουν τους Τρώες, αλλά είχαν πάθει τόσα πολλά, που δεν τους ένοιαζε πια η Ελένη κι ο Μενέλαος.

Ο ένας μετά τον άλλον πήραν την απόφαση να σταματήσουν αυτόν το σκληρό και μακροχρόνιο πόλεμο και να γυρίσουν στην πατρίδα. Μα τους άλλαξε τη γνώμη ο έξυπνος και πονηρός βασιλιάς της Ιθάκης, ο Οδυσσέας.

– Αφού δεν μπορούμε να νικήσουμε τους Τρώες με τα όπλα και τη δύναμη, θα τους νικήσουμε με την πονηριά. Ακούστε τι σκέφτηκα...

Είπε το σχέδιό του στους άλλους αρχηγούς και όλοι τους συμφώνησαν με ενθουσιασμό. Βάλθηκαν τότε να φτιάξουν ένα πολύ μεγάλο ξύλινο άλογο, που η κοιλιά του θα ήταν κούφια. Ένα βράδυ από μια μυστική πόρτα μπήκαν στην κοιλιά του αλόγου ο Οδυσσέας και οχτώ ακόμα πολεμιστές με τα όπλα τους. Έκλεισαν την πόρτα και οι άλλοι άφησαν το άλογο σ' ένα μέρος, για να το δουν οι Τρώες. Άρχισαν τότε να μαζεύουν τα πράγματά τους και να τα φορτώνουν στα πλοία.

Το πρωί οι Τρώες είδαν με έκπληξη και με χαρά τα πλοία των Ελλήνων να σαλπάρουν και σε λίγο να χάνονται στο βάθος της θάλασσας. Μια κραυγή θριάμβου γέμισε τότε την πόλη:

– Έφυγαν οι Έλληνες!

Άνοιξαν οι πόρτες και οι πολεμιστές ξεχύθηκαν προς τη θάλασσα. Δεν άργησαν να δουν το ξύλινο άλογο. Πάνω του ήταν γραμμένα αυτά τα λόγια:

«ΤΟ ΑΦΙΕΡΩΝΟΥΜΕ ΣΤΗΝ ΑΘΗΝΑ,
ΓΙΑ ΝΑ ΜΑΣ ΒΟΗΘΗΣΕΙ
ΝΑ ΓΥΡΙΣΟΥΜΕ ΣΤΗΝ ΠΑΤΡΙΔΑ ΜΑΣ»

Οι Τρώες άρχισαν να χορεύουν και να τραγουδούν από τη χαρά τους, επειδή έφυγαν οι Έλληνες και τελείωσε ο πόλεμος. Αποφάσισαν να σύρουν το ξύλινο άλογο ως την πόλη και να το στήσουν μπροστά στο ναό της Αθηνάς.

Όμως ένας ιερέας των Τρώων, που τον έλεγαν Λαοκόοντα, φώναξε στους Τρώες να μην πάρουν το άλογο στην πόλη, γιατί μπορεί να ήταν καμιά παγίδα των Ελλήνων. Και είχε δίκιο, γιατί οι Έλληνες δεν είχαν φύγει, αλλά είχαν κρυφτεί με τα καράβια τους πίσω από το νησί Τένεδο.

Όμως η Αθηνά, που βοηθούσε τους Έλληνες, έκανε ξανά το θαύμα της. Δυο πελώρια φίδια βγήκαν από τη θάλασσα, όρμησαν πάνω στο δύστυχο Λαοκόοντα και τον έπνιξαν μαζί με τα παιδιά του. Οι Τρώες φοβήθηκαν πως θα τους τιμωρούσε όλους η θεά, αν δεν έπαιρναν το ξύλινο άλογο κι έτσι βιάστηκαν να το σύρουν ως την πόλη.

Έκλεισαν τότε τις πύλες κι άρχισαν ένα τρελό γλέντι, για να γιορτάσουν τη νίκη τους και το τέλος του πολέμου. Έτρωγαν, έπιναν, τραγουδούσαν, αγκαλιάζονταν και φιλιούνταν κι όταν προχώρησε η νύχτα, έπεσαν σε βαθύ ύπνο.

Όμως μέσα στο ξύλινο άλογο ο πονηρός Οδυσσέας και οι οχτώ πολεμιστές του ξαγρυπνούσαν. Κι όταν βαθιά ησυχία βασίλεψε στην πόλη, αποφάσισαν να βγουν...

Οι Τρώες είχαν φέρει μέσα στην πόλη τούς εχθρούς τους, χωρίς να το καταλάβουν... Εκείνο που δεν κέρδισαν οι Έλληνες με δέκα χρόνων μάχη, θα το κέρδιζαν με την πονηριά του Οδυσσέα...

Μπήκαν στην κοιλιά του ξύλινου αλόγου ο Οδυσσέας και οχτώ ακόμα πολεμιστές.

Η ΚΑΤΑΣΤΡΟΦΗ ΤΗΣ ΤΡΟΙΑΣ

Βγήκαν οι Έλληνες από την κοιλιά του ξύλινου αλόγου και ο Οδυσσέας έστειλε έναν πολεμιστή ν' ανάψει μια συνθηματική φωτιά στην κορυφή ενός λόφου, έτσι ώστε να τη δουν οι σύντροφοί τους, που μέσα στη νύχτα άφησαν την Τένεδο και ξαναγύρισαν στην Τροία. Έπειτα με προσοχή, για να μην κάνουν θόρυβο, άνοιξαν τις μεγάλες πύλες των τειχών.

Σε λίγο τα πλήθη των Ελλήνων πολεμιστών, που βρήκαν τις πύλες ανοιχτές, όρμησαν με αλαλαγμούς χαράς μέσα στην Τροία. Οι Τρώες ξύπνησαν από τις κραυγές, μα, ώσπου να καταλάβουν τι συμβαίνει, ήταν πια πολύ αργά.

Είναι δύσκολο να περιγράψει κανείς τις σκηνές που ακολούθησαν. Μανιασμένοι οι Έλληνες έμπαιναν στα σπίτια των Τρώων κι όποιον έβρισκαν μπροστά τους τον σκότωναν. Αυτά τα δέκα χρόνια πολέμου, που τους είχαν κρατήσει μακριά από τις πατρίδες τους, το αίμα που χύθηκε και ο θάνατος των συντρόφων τους είχαν γεμίσει με μίσος φοβερό την καρδιά τους. Δε σεβάστηκαν ούτε τους γέρους ούτε τις γυναίκες ούτε τα παιδιά. Ακόμα δε σεβάστηκαν πάνω στην ορμή τους ούτε τους ναούς των θεών.

Από τους πρώτους σκοτώθηκε ο γέρο Πρίαμος κι ακολούθησαν την τραγική του μοίρα η γυναίκα του, Εκάβη, τα παιδιά τους, τα εγγόνια τους...

Με το ξημέρωμα δεν υπήρχε πια η όμορφη

πόλη της Τροίας. Είχε σκορπιστεί σε ερείπια και καπνούς. Μερικοί από τους Τρώες που κατάφεραν μέσα στη νύχτα να σωθούν, έπεφταν τώρα αιχμάλωτοι στα χέρια των Ελλήνων.

Και να που μέσα από τα χαλάσματα οι Έλληνες είδαν ένα παλικάρι να προχωρεί προς το μέρος τους. Στον ώμο του κουβαλούσε το γέρο πατέρα του και κρατούσε από το χέρι το μικρό γιο του. Το παλικάρι αυτό ήταν ο Αινείας, ο γιος της θεάς Αφροδίτης και του βοσκού Αγχίση. Οι Έλληνες συγκινήθηκαν πολύ από αυτήν τη σκηνή. Σεβάστηκαν τον Αινεία και τον άφησαν να περάσει ανάμεσά τους, χωρίς να τον πειράξουν. Τους συγκίνησε η πράξη του να πάρει το γερο πατέρα του στους ώμους, για να τον σώσει, θυσιάζοντας τη δική του ζωή. Έτσι, ο Αινείας βγήκε από την κατεστραμμένη πόλη και κοντά στο βουνό Ίδη συνάντησε μερικούς ακόμα Τρώες, που είχαν ξεφύγει από τη μανία των Ελλήνων. Όλοι μαζί αργότερα μπήκαν σ' ένα καράβι, που τους έβγαλε σε μια άγνωστη χώρα, τη σημερινή Ιταλία. Εκεί οι απόγονοί τους έχτισαν μια καινούργια Τροία, που αργότερα ονομάστηκε Ρώμη.

Οι Έλληνες πήραν τους σκλάβους και τους θησαυρούς των Τρώων και τους φόρτωσαν στα καράβια τους. Ο Μενέλαος πήρε και την Ελένη, που την είχε χάσει δέκα ολόκληρα χρόνια και που για χατήρι της έγινε όλη αυτή η καταστροφή. Έτσι, άφησαν την πολύπαθη Τροία και σάλπαραν για τις πατρίδες τους. Όμως οι θεοί είχαν θυμώσει, γιατί δε σεβάστηκαν τους ναούς τους, τις γυναίκες και τα μικρά παιδιά των Τρώων και πολλοί από αυτούς χάθηκαν στο ταξίδι του γυρισμού και δεν έφτασαν ποτέ στην πατρίδα τους...

Στον ώμο του κουβαλούσε το γερο πατέρα του και κρατούσε από το χέρι το μικρό του γιο.

Ο ΟΔΥΣΣΕΑΣ ΣΤΗ ΧΩΡΑ ΤΩΝ ΚΥΚΛΩΠΩΝ

Μετά την καταστροφή της Τροίας, ύστερα από πολλές περιπλανήσεις, ο Οδυσσέας έφθασε στο νησί των Κυκλώπων. Κι ήταν οι Κύκλωπες πελώριοι ανθρωποφάγοι με ένα μονάχα μάτι στο μέτωπο. Πιο άγριος απ' όλους ήταν ο Πολύφημος, γιος του θεού των θαλασσών, του Ποσειδώνα.

Ο Οδυσσέας πήρε μερικούς συντρόφους του μαζί, για να εξερευνήσει το νησί. Όταν άρχισε να σουρουπώνει, μπήκαν σε μια σπηλιά. Εκεί βρήκαν στάχτες από φωτιά και ίχνη από πρόβατα. Ξαφνικά ακούστηκαν βελάσματα προβάτων, που έμπαιναν στη σπηλιά. Μετά το κοπάδι μπήκε ο Κύκλωπας Πολύφημος, που μόλις τον είδαν οι σύντροφοι του Οδυσσέα, άρχισαν να τρέμουν από το φόβο τους. Ο Πολύφημος έφραξε την είσοδο μ' έναν πελώριο βράχο, που ούτε πενήντα άνδρες δε θα μπορούσαν να μετακινήσουν και άναψε φωτιά. Και τότε... είδε τους ξένους.

– Ποιοι είσαστε εσείς; ρώτησε άγρια.

– Είμαστε ξένοι και μπήκαμε στη σπηλιά, να περάσουμε τη νύχτα μας, του είπε ο Οδυσσέας.

Ο Κύκλωπας άρπαξε τότε δυο συντρόφους του βασιλιά της Ιθάκης και τους έφαγε, ενώ οι άλλοι έκλαιγαν και περίμεναν τη σειρά τους.

Το πρωί ο Πολύφημος έφαγε άλλους δυο, άνοιξε τη σπηλιά, έβγαλε το κοπάδι και την έκλεισε. Ο Οδυσσέας προσπαθούσε να βρει έναν τρόπο να γλιτώσουν από αυτόν τον τρομερό Κύκλωπα.

Το βράδυ, όταν ξανάφερε το κοπάδι ο Πολύφημος, έφαγε άλλους δυο συντρόφους του Οδυσσέα. Τότε ο βασιλιάς της Ιθάκης του πρόσφερε ένα κύπελλο γεμάτο κρασί, που είχε φέρει μαζί του.

– Ωραίο είναι! είπε ο Πολύφημος. Πώς σε λένε, ξένε;

– Με λένε Κανένα, του απάντησε ο πονηρός Οδυσσέας.

– Σου υπόσχομαι να σε φάω τελευταίο απ' όλους, Κανένα!

Όταν ζαλίστηκε ο Πολύφημος κι έπεσε να κοιμηθεί, ο Οδυσσέας, που είχε ετοιμάσει έναν μυτερό κορμό, τον κάρφωσε στο μάτι του με τη βοήθεια των συντρόφων του. Ο Κύκλωπας, τυφλός τώρα, άρχισε να ουρλιάζει και να χτυπιέται.

– Τι έπαθες; τον ρωτούσαν οι άλλοι Κύκλωπες απ' έξω.

– Με τύφλωσε ο... Κανένας! τους απάντησε ο Πολύφημος.

– Αφού δεν σε τύφλωσε κανένας, τι έπαθες και φωνάζεις και δε μας αφήνεις να κοιμηθούμε; Σίγουρα τρελάθηκες!

Το πρωί ο Πολύφημος άνοιξε τη σπηλιά και καθώς έβγαιναν τα πρόβατα έψαχνε τις ράχες τους, μήπως του ξεφύγουν οι ξένοι. Μα ο Οδυσσέας και οι σύντροφοί του είχαν γραπωθεί κάτω από τις κοιλιές τους κι έτσι κατάφεραν να βγουν, χωρίς να τους πάρει είδηση ο φοβερός Πολύφημος.

Ο Οδυσσέας του πρόσφερε ένα κύπελλο γεμάτο κρασί.

ΤΟ ΔΡΑΜΑ ΤΟΥ ΟΡΕΣΤΗ

Μοίρα σκληρή είχε χτυπήσει την οικογένεια του Αγαμέμνονα. Όταν γύρισε από την Τροία ο αρχιστράτηγος των Ελλήνων, τον σκότωσε η γυναίκα του, η Κλυταιμνήστρα. Το μίσος για το χαμό της Ιφιγένειας δεν είχε σβήσει από την καρδιά της.

Όταν ο Ορέστης, ο γιος τους, έμαθε ότι η μητέρα του σκότωσε τον πατέρα του, παρουσιάστηκε μπροστά της και της ζήτησε το λόγο. Πάνω στον καβγά τους δεν μπόρεσε να συγκρατήσει τα νεύρα του και τη σκότωσε. Αμέσως άρχισαν να τον κυνηγούν οι Ερινύες, μερικές θεότητες που βασάνιζαν κάθε άνθρωπο, όταν έκανε κάποιο μεγάλο κακό.

Ο Ορέστης έτρεχε σαν τρελός από τόπο σε τόπο, να ξεφύγει από τις Ερινύες κι ήταν τέτοια η απελπισία του, που ζητούσε να πεθάνει. Ο θεός Απόλλωνας όμως αποφάσισε να τον βοηθήσει.

— Ένας μόνο τρόπος υπάρχει, για να γλιτώσεις από τις Ερινύες, του είπε. Να πας στη μακρινή χώρα που ονομάζεται Ταυρίδα, να πάρεις το άγαλμα της θεάς Άρτεμης που βρίσκεται στο βασίλειο του Θόα και να το φέρεις στην Αθήνα. Όταν το καταφέρεις αυτό, θα βρεις για πάντα την ησυχία σου από τις Ερινύες.

Ο Ορέστης ξεκίνησε αμέσως για τη χώρα των Ταύρων. Μπήκε σ' ένα γοργοτάξιδο πλοίο και πήρε μαζί του τον αγαπημένο του φίλο, τον Πυλάδη, που είχε παντρευτεί την αδελφή του, την Ηλέκτρα. Ύστερα από αρκετές μέρες άφησαν πίσω τους το Αιγαίο, μπήκαν στον Ελλήσποντο, κατάφεραν να περάσουν ανάμεσα από τις Συμπληγάδες Πέτρες και δεν άργησαν να φθάσουν στη χώρα των Ταύρων, όπου είχε το βασίλειό του ο Θόας.

Έφθασαν νύχτα, έκρυψαν το καράβι τους ανάμεσα σε μερικά δέντρα και προχώρησαν προς τον ξακουστό ναό της Άρτεμης. Μέσα σ' αυτόν το ναό υπήρχε το άγαλμα της θεάς που έπρεπε να πάρει ο Ορέστης και να το μεταφέρει στην Αθήνα, ύστερα από τη συμβουλή που του έδωσε ο Απόλλωνας.

Στο ναό αυτό ήταν ιέρεια η Ιφιγένεια, η κόρη του Αγαμέμνονα και αδελφή του Ορέστη. Την είχε φέρει από την Αυλίδα η ίδια η θεά Άρτεμη, αφού τη γλίτωσε από το μαχαίρι του μάντη Κάλχα, που ήταν έτοιμος να τη θυσιάσει.

Φυσικά ο Ορέστης ούτε να φανταστεί δεν μπορούσε ότι στο ναό που πήγαινε να κλέψει το άγαλμα της Άρτεμης ιέρεια ήταν η αδελφή του, η Ιφιγένεια, που την πήραν από το παλάτι όταν εκείνος ήταν πολύ μικρός.

Ο βασιλιάς Θόας ήταν πολύ σκληρός. Όποιον ξένο έπιανε να έχει μπει στη χώρα του χωρίς την άδειά του, τον οδηγούσε στο ναό της Άρτεμης και τον θυσίαζε η ίδια η Ιφιγένεια στη θεά, ως ιέρεια που ήταν.

Εκείνο το πρωί η Ιφιγένεια βρισκόταν στο ναό, όταν της έφεραν δυο ξένους. Δυο νέους με δεμένα χέρια. Τους είχαν βρει να πλησιά-

ζουν το ναό και τώρα θα πλήρωναν με τη ζωή τους το τόλμημά τους να μπουν στο βασίλειο του Θόα.

Η Ιφιγένεια κοίταξε με συμπάθεια τους δυο νέους που έπρεπε να θυσιάσει στο βωμό της θεάς.

—Λυπάμαι ξένοι για την τραγική σας μοίρα, τους είπε. Όμως όσο και να σας λυπάμαι, πρέπει να κάνω το καθήκον μου απέναντι στο βασιλιά μου και στη θεά. Πριν σας θυσιάσω όμως, πέστε μου ποιά είναι η πατρίδα σας;

—Τι ωφελεί να μάθεις ποια είναι η πατρίδα μας; της απάντησε αναστενάζοντας ο Ορέστης, που δεν μπόρεσε ν' αναγνωρίσει στο πρόσωπο της ιέρειας την αδελφή του. Κάνε το καθήκον σου και μην ενδιαφέρεσαι να μάθεις ποιοι είμαστε και από πού ερχόμαστε.

—Πριν σας θυσιάσω όμως, πέστε μου ποια είναι η πατρίδα σας;

Η ΕΠΙΣΤΡΟΦΗ ΤΗΣ ΙΦΙΓΕΝΕΙΑΣ

Η Ιφιγένεια ήθελε να ικανοποιήσει την περιέργειά της και παρακάλεσε για μια ακόμα φορά τους ξένους να της πουν ποια ήταν η πατρίδα τους.

– Το Άργος, της απάντησε ο Ορέστης.

Ξαφνιάστηκε η Ιφιγένεια. Ώστε... οι ξένοι που θα θυσίαζε ήταν πατριώτες της! Η καρδιά της άρχισε να χτυπάει από τη συγκίνηση.

– Και πώς φθάσατε ως εδώ; ρώτησε. Είσαστε αδέλφια;

– Είμαστε φίλοι, αποκρίθηκε ο Ορέστης. Όμως, άφησε τις ερωτήσεις και προχώρησε στη θυσία.

– Ξένε πες μου, ξέρεις τι απόγινε ο βασιλιάς Αγαμέμνονας; τον ρώτησε τώρα με λαχτάρα εκείνη. Άκουσα ότι νίκησε στην Τροία.

– Ναι, νίκησε, ο Μενέλαος πήρε τη γυναίκα του πίσω και ζει ευτυχισμένος, μα ο Αγαμέμνονας είναι νεκρός. Τον σκότωσε η γυναίκα του.

– Ω... θεοί! Τον σκότωσε... η Κλυταιμνήστρα;

– Ναι. Κι εκείνη πέθανε από το χέρι του γιου της...

– Του γιου της; είπε η Ιφιγένεια, ενώ η καρδιά της σπάραζε από τα τραγικά νέα που μάθαινε. Και... ο γιος του Αγαμέμνονα ζει;

– Ζει και βασανίζεται, κυρά μου.

Η Ιφιγένεια, που είχε δει ένα κακό όνειρο, ότι ο Ορέστης είχε πεθάνει, χάρηκε πολύ. Και μια σκέψη ήρθε τότε στο νου της.

– Ξένε, αν αφήσω τον ένα από τους δυο σας ελεύθερο, μπορεί να μου κάνει μια χάρη;

Θέλω να στείλω σε κάποιον που μένει στο Άργος ένα γράμμα.

– Θα το πάει ο φίλος μου, της είπε ο Ορέστης. Μπορείς όμως να τον ελευθερώσεις;

– Θα μπορέσω, ξένε.

Και η Ιφιγένεια έλειψε για λίγο, ώσπου να γράψει το γράμμα. Το έδωσε συγκινημένη στον Πυλάδη.

– Θα 'θελα να μείνω μαζί σου, για να πεθάνουμε μαζί, είπε με δάκρυα στα μάτια ο Πυλάδης στο φίλο του.

– Όχι, Πυλάδη, τον παρακάλεσε ο Ορέστης. Πρέπει να γυρίσεις κοντά στη γυναίκα σου.

– Για ποιον είναι το γράμμα; ρώτησε ο Πυλάδης.

– Για το γιο του Αγαμέμνονα, τον Ορέστη, του απάντησε εκείνη. Να του πεις ότι του το στέλνει η αδελφή του, η Ιφιγένεια. Δεν πέθανε στην Αυλίδα. Την πήρε η θεά Άρτεμη και την έφερε σ' αυτόν το ναό. Να του πεις ότι τον σκέφτομαι κάθε μέρα, ότι τον αγαπώ και ότι χύνω πικρά δάκρυα εδω στην ξενητιά που βρίσκομαι, μακριά από την αγαπημένη μου πατρίδα.

Οι δυο νέοι τα έχασαν. Κοιτάχτηκαν με ορθάνοιχτα στόματα από την έκπληξη και τη συγκίνηση. Πρώτος συνήλθε ο Πυλάδης.

– Πάρε το γράμμα, Ορέστη, είπε συγκινημένος στο φίλο του. Σου το στέλνει η Ιφιγένεια, η αδελφή σου.

Τώρα ήταν η σειρά της Ιφιγένειας να τα χάσει. Κι όταν της εξήγησαν με κάθε λεπτομέρεια για ποιο λόγο ήρθαν στη χώρα των Ταύρων, αγκαλιάστηκαν και οι τρεις με κλάματα χαράς.

Η Ιφιγένεια αποφάσισε να τους βοηθήσει να πάρουν το άγαλμα της θεάς και αφού κατάφερε να ξεγελάσει το βασιλιά Θόα, μπήκαν τη νύχτα και οι τρεις στο καράβι κι έφυγαν κρυφά για την Ελλάδα. Έτσι, ύστερα από τόσα χρόνια η Ιφιγένεια ξαναγύρισε στην αγαπημένη της πατρίδα, κοντά στον αδελφό της, που τόσο πολύ αγαπούσε... Τα βάσανα των δυο αδελφιών είχαν πάρει τέλος...

Μπήκαν τη νύχτα και οι τρεις στο καράβι κι έφυγαν για την Ελλάδα.

Ο ΒΑΣΙΛΙΑΣ ΜΙΔΑΣ

Ο Μίδας ήταν βασιλιάς στη Φρυγία. Πατέρας του Μίδα ήταν ο Γόρδιος, περίφημος για το «Γόρδιο δεσμό» που έλυσε με το σπαθί του αρκετούς αιώνες αργότερα ο Μέγας Αλέξανδρος. Ένα βράδυ ζήτησε φιλοξενία στο παλάτι του Μίδα ένας ξένος. Ο Μίδας τον περιποιήθηκε με το παραπάνω, χωρίς να ξέρει ότι ο ξένος του ήταν ο θεός Διόνυσος.

—Πες μου τι χάρη θέλεις να σου κάνω και θα σου την πραγματοποιήσω αμέσως, του είπε την άλλη μέρα ο Διόνυσος.

—Θέλω... ό,τι πιάνω να γίνεται χρυσάφι! του είπε ο Μίδας.

Ο Διόνυσος χαμογέλασε.

—Το σκέφτηκες καλά αυτό που μου είπες; τον ρώτησε.

—Ναι, το σκέφτηκα! απάντησε ο Μίδας.

—Μήπως θέλεις να σου κάνω κάποια άλλη χάρη;

—Όχι, δε θέλω τίποτε άλλο εκτός από αυτό που σου ζήτησα, επέμενε ο Μίδας με μάτια που άστραφταν από τη λαχτάρα του πλούτου.

—Σύμφωνοι, του είπε ο Διόνυσος και αμέσως εξαφανίστηκε.

Ο Μίδας άπλωσε το χέρι του, έπιασε το τραπέζι κι αμέσως έγινε ολόκληρο από χρυσάφι! Η χαρά του δεν περιγράφεται. Δοκίμασε να πιάσει ένα μπουκέτο με λουλούδια κι έγιναν κι αυτά χρυσά! Θα γινόταν ο πλουσιότερος άνθρωπος του κόσμου!

Ως το μεσημέρι έκανε όλα τα αντικείμενα του παλατιού του χρυσά. Αλλά όταν ζήτησε ένα κύπελλο νερό από τον υπηρέτη του, έγινε χρυσό! Το ίδιο και το φαγητό! Κατάλαβε τώρα το λάθος του και άρχισε να κλαίει απαρηγόρητα. Σε τι θα του χρησίμευε το χρυσάφι, αφού θα πέθαινε από την πείνα και τη δίψα;

—Διόνυσε, λυπήσου με! παρακαλούσε γο-

Ό,τι έπιανε στα χέρια του γινόταν χρυσάφι...

νατιστός. Πάρε μου όλο το χρυσάφι, που μου είναι άχρηστο και κάνε με όπως πριν.

Ο Διόνυσος τον λυπήθηκε και του είπε να πλυθεί στον ποταμό Πακτωλό. Όταν πλύθηκε ο Μίδας, έγινε πάλι όπως πριν. Και το ποτάμι γέμισε χρυσάφι. Ως την εποχή μας ακόμα, στις όχθες του Πακτωλού υπάρχει χρυσάφι.

Μια μέρα ο θεός Απόλλωνας και ο θεός Πάνας έπαιζαν τη φλογέρα τους και ζήτησαν από το Μίδα να τους πει ποιος έπαιζε καλύτερα.

—Ο Πάνας! απάντησε ο Μίδας.

Ο Απόλλωνας, για να τον τιμωρήσει, έκανε τ' αυτιά του γαϊδουρινά. Και ο δυστυχισμένος ο Μίδας, για να τα κρύψει από τους ανθρώπους, φορούσε πάντα ένα φαρδύ σκούφο. Μόνο ένας άνθρωπος ήξερε το μυστικό του. Ήταν ο κουρέας του.

—Πρόσεχε μην πεις τίποτε σε κανένα, γιατί θα σε σκοτώσω! τον είχε φοβερίσει ο Μίδας.

Ο κουρέας του κράτησε αρκετό καιρό το μυστικό του, αλλά... δεν μπορούσε να βρει ησυχία. Ήθελε σε κάποιον να πει ότι ο βασιλιάς τους είχε γαϊδουρινά αυτιά. Ήθελε να το πει για να ξαλαφρώσει, αλλά φοβόταν. Και μια μέρα, πήγε στην ερημιά, έσκαψε ένα μεγάλο λάκκο, έχωσε μέσα το κεφάλι του και φώναξε:

—Ο Μίδας έχει γαϊδουρινά αυτιά!

Όμως το μυστικό του το άκουσαν τα καλάμια που ήταν γύρω του και άρχισαν να το ψιθυρίζουν το ένα στο άλλο. Έτσι, από τα καλάμια το έμαθαν τα δέντρα και άρχισαν να το φωνάζουν με τα φυλλώματά τους, καθώς τα κουνούσε ο αέρας:

«Ο Μίδας έχει γαϊδουρινά αυτιά! Ο Μίδας έχει γαϊδουρινά αυτιά!»

Κι από τα δέντρα το 'μαθαν και οι άνθρωποι κι άρχισαν να γελούν για το πάθημα του βασιλιά τους...

S.B.